복 있는 사람

오직 여호와의 율법을 즐거워하여 그 율법을 주야로 묵상하는 자로다.
저는 시냇가에 심은 나무가 시절을 좇아 과실을 맺으며 그 잎사귀가 마르지 아니함 같으니
그 행사가 다 형통하리로다. (시편 1:2-3)

『제자가 된다는 것』은 '예수 따름'의 제자도를 넘어 '하나님 자녀'로서 제자됨이 무엇인지를 오늘날 그리스도인에게 설득력 있게 제시하는 소중하고 시의적절한 책이다. 그리스도교 신앙의 본질을 다룬다는 점에서 『그리스도인이 된다는 것』과 짝을 이루는 역작이다. 로완 윌리엄스는 주님을 따른다는 것이 일상에 스며든 신비와 평범함 속에 숨겨진 변혁 가능성에 주의를 기울이는 것임을 보여줌으로써, 인간이 되신 하나님의 '값비싼 은총'의 의미를 새롭게 발견하도록 도와준다. 그런 의미에서 이 얇지만 풍성한 책은 제자로서 행함보다 삶의 상태가 우선되고, 세상을 변혁하는 것보다 세상을 주님의 눈빛으로 응시하는 것이 더 중요하다는 저자의 오랜 생각을 간결하고 아름답게 표현해 낸 빼어난 작품이라 할 수 있다. 또한 이제껏 국내에 잘 소개되지 않았던 현대 문화비평가로서 저자의 모습이 두드러지게 나타난다는 점에서 이 책은 더욱 가치가 있다.

김진혁 | 횃불트리니티신학대학원대학교 조직신학 교수

쉽고 간결하게 표현한다는 것은 내용을 정확히 알고 있다는 증거다. 아니 더 정확히 말하면, 그 내용을 몸으로 살아냈다는 증거일 수 있다. 그래서 어떤 분야든지 대가들은 어려운 내용을 독자의 눈높이에 맞춰 풀어 준다. 로완 윌리암스의 『제자가 된다는 것』은 바로 그런 책이다. 딱딱하고 거북하게 들릴 만한 '제자도'를 담담하고 쉬운 언어로, 마치 오랜 친구가 집에 찾아와 자기 이야기를 하듯 우정어린 말로 들려준다. 그 말에 귀 기울이다 보면 듣는 이의 머리와 가슴이 어느새 따뜻하게 데워진다. 이 책은 성경의 구절들을 아름다운 시적 언어로 노래하듯 속삭인다. 그러나 그건 속삭임이 아니라 영혼을 휘감는 큰 울림이다. 예수를 따르는 삶은 한 개인과 사회를 위한 하나님의 큰 선물이라는 것을 가슴 깊이 새기게 된다. 메마른 신앙을 푸근하고 촉촉하게 만드는 단비 같은 책이 있다면, 그건 바로 이 책이다.

최주훈 | 중앙루터교회 담임목사

로완 윌리엄스만큼 그리스도교의 본질에 관해 탁월하게 가르치는 스승도 없을 듯싶다. 그는 그리스도인의 삶을 더욱 분명하고 깊이 인식하도록 우리를 이끌어 준다.

월터 브루그만 | 컬럼비아 신학교 명예교수

내가 읽어 본 제자도에 관한 책 중에서 가장 아름다운 책이다. 나 역시 이 책에서 큰 영감을 받았기에 깊이 감사드린다. 예수를 따른다는 것이 어떤 일인지 궁금한 사람뿐만 아니라, 오랜 세월 이 여행길을 걸어온 모든 사람에게 강력히 추천한다.

저스틴 웰비 | 캔터베리 대주교

제자의 삶을 여행에 비유한다면, 이 작은 책은 등짐 속에 반드시 포함되어야 한다. 부드럽고 평이하게 글을 쓰는 로완 윌리엄스는 우리를 이끌어, 철저히 집중하고 너그러운 마음으로 용서하며 언제나 정성을 다해 섬기고 기뻐하는 삶으로 인도한다. 글의 토대로 삼은 성경만큼이나 이 책도 거듭해서 읽을 만한 가치가 있다.

스티븐 체리 | 케임브리지 킹스 칼리지 학장

로완 윌리엄스는 우리 시대를 이끄는 탁월한 신학자다. 그는 또한 영감 넘치는 교사로서 신실한 지혜를 아낌없이 나눠 주어 심오한 진리를 이해하도록 돕는다.

니키 검블 | 홀리 트리니티 브롬톤 교회 사제

로완 윌리엄스는 놀라울 정도로 탁월한 정신을 지녔을 뿐만 아니라 시인의 손으로 글을 쓴다. "복잡성 저편의 단순성"이라는 오랜 경구를 완벽하게 구현해 낸 이 책은, 마음을 뜨겁게 할 뿐만 아니라 쉽게 다가갈 수 있다. 예수를 향한 그의 깊은 사랑과 헌신에서 이 보석과 같은 책이 태어났음이 분명하다.

엘리노어 멈포드 | 영국과 아일랜드 빈야드 교회 설립자

참으로 세련되고 도전을 주는 이 책에서 로완 윌리엄스는 제자도의 본질을 선명하게 그려내며 우리가 제자로서 할 수 있는 일을 신나는 비전으로 열어 보인다. 아름답게 다듬어진 이 책은 독자들에게 사고를 위한 참 양식을 제공하며 여행길을 가는 데 필요한 힘을 준다.

쥬드 레버모어 | 영국 감리교회 '제자도와 사역' 책임자

로완 윌리엄스는 성경과 그리스도교 전통에 담긴 여섯 개의 깊은 우물 속에서 그리스도인의 삶의 본질을 길어 올린다. 짧고도 심오한 이 책은 많은 그리스도인들에게 제자로 사는 삶, 관계와 열매와 섬김과 기쁨이 풍성한 삶이 무엇을 의미하는지 깊이 탐구하도록 도와줄 것이다.

스티븐 크로프트 | 옥스퍼드 주교

이제 갓 그리스도교 신앙을 탐구하기 시작한 사람이나 오랜 세월 예수를 따라 살아온 사람들이 여행길에 꼭 갖추어야 할 안내서다. 로완 윌리엄스는 성경을 토대로 삼고, 함께 여행길에 나선 사람들의 영감 넘치는 이야기를 보태어 글을 쓰면서, 예수의 제자가 되는 길에서 발견하는 기쁨을 부드러우면서도 힘 있게 증언한다.

케이트 보틀리 | 저술가 · 방송인 · 교구 신부

제자가 된다는 것

Rowan Williams

Being Disciples
Essentials of the Christian life

제자가 된다는 것

그리스도인 삶의 본질

로완 윌리엄스 지음 | 김기철 옮김

복 있는 사람

제자가 된다는 것

2017년 11월 20일 초판 1쇄 발행
2025년 1월 24일 초판 10쇄 발행

지은이 로완 윌리엄스
옮긴이 김기철
펴낸이 박종현

(주) 복 있는 사람
주소 서울특별시 마포구 연남동 246-21(성미산로23길 26-6)
전화 02-723-7183(편집), 7734(영업·마케팅)
팩스 02-723-7184
이메일 hismessage@naver.com
등록 1998년 1월 19일 제1-2280호

ISBN 979-11-7083-106-8 03230

이 도서의 국립중앙도서관 출판시도서목록(CIP)은
서지정보유통지원시스템 홈페이지(http://seoji.nl.go.kr)와 국가자료공동목록시스템(http://
www.nl.go.kr/kolisnet)에서 이용하실 수 있습니다. (CIP 제어번호: 2017027846)

Being Disciples
by Rowan Williams

Copyright ⓒ 2016 by Rowan Williams
Originally published in English as *Being Disciples*
by SPCK, 36 Causton Street, London SW1P 4ST, United Kingdom.
All rights reserved.

This Korean translation edition ⓒ 2017 by The Blessed People Publishing Inc., Seoul,
Republic of Korea.
This Korean edition is published by arrangement of SPCK through rMaeng2, Seoul,
Republic of Korea.

이 한국어판의 저작권은 알맹2 에이전시를 통하여 SPCK와 독점 계약한 (주) 복 있는 사람에 있
습니다. 신저작권법에 의하여 한국 내에서 보호받는 저작물이므로 무단 전재와 무단 복제를 금
합니다.

일러두기

1. 이 책에 실린 여섯 장의 글은 2007-2012년에 행한 다음의 강연을 기초로 정리한 것이다.
   '제자가 된다는 것', 2007. 4. 27., 펄크럼 컨퍼런스. https://goo.gl/dSF9sB
   '내일의 세계를 위한 믿음·소망·사랑', 2010. 3. 6., 링컨 대성당. https://goo.gl/85qEnX
   '오늘 우리에게 필요한 양식을 내려 주시고', 2010년 7월 22일, 루터교세계연맹 총회. https://goo.gl/2ZAECy
   '거룩함의 의미', 2012. 11. 4., 크라이스트처치 교구. https://goo.gl/iGehrx
   '공적 종교와 공동선', 2007. 5. 12., 싱가포르, 세인트 앤드루 대성당. https://goo.gl/x2Jn36
   '영적 건강을 유지하기', 2012. 5. 26., 코번트리 교구. https://goo.gl/EfR2tP
2. 이 책에 인용된 성경 구절은 '새번역 성경'을 따랐다.

해설의 글

'로완 윌리엄스 대주교는 우뚝 서서 가르치고, 낮게 앉아서 듣고, 함께 걸으며 기도한다.' 2008년 세계성공회 주교회의인 '람베스 회의'(the Lambeth Conference)에 참여했을 때, 내가 그에게서 배우고 나누며 예배했던 경험의 짧은 메모다. 일찍부터 그의 신학에서 큰 도전과 기쁨을 배운 터라, 그의 성찰과 글 단편을 이곳저곳에 소개했었다. 그러나 '물리적인 만남'은 또 다른 체험이었다. 그것은 마치 성사(sacrament, 성례전)를 책과 교실의 개념으로 외우다가, 물에 흠뻑 빠지는 세례를 경험하고, 입안에서 씹히는 떡과 향의 풍미가 넉넉한 포도주를 맛보는 체험이었다.

로완 윌리엄스의 존재와 신학은 '혼합의 경륜'(mixed economy)이다. 그리스도교 역사와 전통에서 길어 올린 영성의 시선으로 9·11 테러 현장, 빈부격차의 세계화, 소외와 차별의 현장을 바라본다. 전통의 깊이에 기대며, 새로운 상황의 도전과 나란히 걸으며 세상에 도전하는 신앙을 그는 '혼합의 경륜'이라고 이름 지었다. 그런 탓에 로완 윌리엄스의 성찰과 기도는 그의 용모와 육성과 겹쳐져 내 머릿속에 떠오른다. 이 물리적 만남의 성사가 이 책 『제자가 된다는 것』(Being Disciples)에 넉넉하게 깃들어 있다. 저자는 성경의 세계로 우리를 초대하여 예수와 만나게 하고, 어느 시대의 과제와 씨름했던 역사의 성인과 선생에게서 배움을 얻으며, 우리 삶에 다시 도전과 통찰을 던진다. 책상 위의 구상이 아니라, 사람들 앞에 우뚝 서서 가르치고 대화하고 기도한 성찰과 증언의 기록인 탓이다.

저자의 생동감 넘치는 성찰은 체험과 신학과 신앙의 관계를 다시 생각하게 한다. 흔히들 종교 체험 자체를 신앙으로 오해하고, 신학을 체험의 신앙과 대립시켜 우열을 가리려고 한다. 심지어 '신학은 냉철한 머리', '신앙은 따뜻한 가슴'으로 구별하여 대립시키는 말장난으로 사람들을 호도한다. 그러나 역사 안에서 형성된 신앙이 보여주듯, 종교 체험은 그 자체로서 가장 근본적인 신학의 근거이며 신학은 종교 체험에 관한 축적된 성찰이다. 이러한 바탕 위에 두어야 비로소 삶의 실천으로 신앙이 싹을 틔워 자라난다. 여기서 체험과 성찰은 그 싹을 키워내어 열매 맺게 하는 거름이다. 이 관계의 오해는 무기력한 신학과 신앙의 심각한 질병으로 이어진다. 종교 체험은 자주 근본주의 종교의 먹잇감이 되기 십상이고, 신학은 몇 사람의 지적 유희로 미끄러지며, 신앙은 거친 명분과 주장으로 뒤바뀐다.

저자는 널리 퍼진 신앙의 질병을 '제자도'의 여정으로 안내하여 치유한다. 제자가 된다는 것은 그리스도와 그분의 영께 자신을 여는 일이며, 역사의 교회 안에서 함께 배우는 학습 공동체를 이루어, 다른 사람들과 더불어 하나님과 깊은 신뢰의 관계를 맺어 성숙하는 일이다(이 책 20-21쪽). 그러므로 이 책은 신앙의 처방전이며 양육서다. 하나님의 형상대로 창조된 원래 모습을 우리가 온전히 회복하는 일이 신앙의 이유이며 제자도의 사명이다. 그 처방을 주의 깊게 살펴보며, 간곡하고 부드러운 치유 여정의 초대에 응하자.

제자가 된다는 것. 저자는 첫 장에서 '제자도'를 간명하게 정의한다. 그것은 선생과 함께 묶고, 머물러 듣고, 배우는 일이다. 새로운 학습으로 고정관념을 씻어내지 않고서는 제자가 될 수 없다는 단언이다. 이때 제자는 경청하며 응시하는 사람이다. 그리스도를 향하여 귀와 눈을 '열어야' 한다. 열림이 없이는 신앙의 각성을 기대하기 어렵다. 온갖 육체적 감각을 열어두어야 작은 것들 안에 깃드신 예수와 만나고 그분과 함께 머물 수 있다. 그분과 머물러서야 삶의 원천인 하나님의 힘을 얻어 우리 삶의 새로운 발걸음을 뗄 수 있다. 저자는 이러한 열린 감각의 발걸음이 '삼위일체 하나님의 관계'를 향한다고 말한다. 삼위일체의 관계에 마련된 열림과 사랑을 우리 삶으로 잇는 일이 바로 '관상'이다. 관상을 특정한 기도 방식으로 축소할 일이 아니다. 그것은 하나님과 이웃을 향한 초대와 사랑으로 만든 관계를 아우르는 제자도의 다른 이름이기 때문이다.

믿음·소망·사랑. 믿음과 소망과 사랑은 제자도의 필수 덕목이다. 여기에는 전 단계의 훈련이 있는데, 바로 지성과 기억과 의지다. 이해와 지성의 노력과 수고로 우리는 세상의 혼돈 속에서 방향을 찾을 수 있다. 의문과 질문의 어려움을 겪을 때라야 발돋움할 수 있다. 방향을 잡고 신뢰하며 허공에 몸을 던질 때 우리는 믿음으로 도약한다. 기억은 우리의 존재를 확인한다. 급변하는 세계 안에서 흔들리는 처지더라도, 지금 자신의 상태가 어떠하더라도, '우리를 떠나거나 포기하지 않는 존재'에 관한 기억은 새로운 소망으로 우리를 솟구치게 한다. 의지는 무엇을 원하는 간절한 마음이다. 제자는 우리 존재가 바라는 일들의 허상을 식별하는 한편, 우리의 진정한 갈망이 사랑이라는 사실을 발견한다. 사랑은 '기쁨을 향해 열린 상태'여서 우리를 한 인간과 세계, 그리고 하나님으로 향하게 한다.

용서. 저자는 용서를 탁월하게 주님의 기도에 들어 있는 '일용한 양식' 청원과 성찬례의 성사로 풀이한다. '양식'을 구하는 일은 우리가 연약하다는 사실을 인정하는 행동이다. '상처받기 쉬운 존재'임을 부끄럼 없이 인정하겠다는 다짐이다. 이 요청으로 받는 은총의 선물은 하나님 형상이 깃든 우리 인간성이다. 여기서 우리는 '양식'을 구하는 기도가 '용서'를 구하는 기도와 이어지는 신학을 본다. 서로 용서하여 다른 이의 인간성을 지탱하고 키우는 일은 다시 영성체의 행동과 성찬례의 신학과 맞닿는다. 현재의 궁핍과 상처를 넘어서 성찬례 안에서 미래의 양식을 미리 맛보며, 성사 안에서 펼쳐진 새로운 현실을 앞당겨 경험한다. 이 용서의 성사 위에 교회 공동체가 선다.

거룩함. 거룩함은 그리스도교 신앙 안에서 "쓰레기와 고통으로 가득한 인간 본성 한가운데로 예수께서 뚫고 들어오는 일이다"(이 책 87쪽). 예수께서는 거룩함의 신학을 더 깊고도 넓게 확장하셨다. 단순한 구별과 공포가 아니라, '철저한 참여'로 세상을 거룩하게 변화하려는 힘이다. 다시 말해, 종교와 사회, 신앙과 정치를 분리하여 적절히 그 영역에서 안위를 누리는 일이 아니다. 이것은 신앙의 '함정'이다. 오히려 세상의 어려운 일과 문제에 관여하는 일이 거룩함의 본질이다. 거룩한 하나님에 휩싸여 세상을 걷는 일이다. 어렵고 참아내기 어려운 상황에서 '주위에 기쁨을 낳는 일'이야말로 거룩함의 표지다. 이 간단하지만 어려운 길을 걷는 방법은 예수와 복음을 신실하게 '바라보고', 세상의 어려움을 성실하게 '탐구하는' 일이다.

사회 속의 신앙. '거룩함'이 종교의 영역에만 머물지 않으니, 신앙은 사회적일 수밖에 없다. 저자는 특히 근대와 현대 역사 안에서 사유화하고 개인화하는 신앙의 상황을 날카롭게 지적한다. 종교가 사회 안에서 영향력을 잃으면서 이런 경향으로 더욱 빨려 들어간다. 그러나 세속의 정치 이념이 제시하는 기획은 자기 이해관계 안에서 상충하거나 다투기에 바쁘다. 그리스도교 신앙은 이 모든 이념이 하나님 앞에서 상대적이라고 말한다. 그리스도교의 제자는 '우리 인간은 모두 하나님께 동등한 가치가 있다'는 원리를 지탱한다. 세상에는 '불필요한 잉여의 사람이 없다'라는 인식으로 인간의 신비를 붙든다. 제자는 그리스도교의 성사적 세계관(sacramental worldview)으로 창조 세계 전체를 보기 때문이다. "물질세계의 모든 요소는 하나님의 '말씀'을 담고 있으며 하나님의 생명과 지혜가 어떤 것인지를 계시한다"(이 책 111쪽). 이 안에서 우리는 모두 서로 의존하는 존재이며, 이 상호 의존성 안에서 세속의 공동체와 정치에 도덕적 비전을 제시한다.

성령 안의 삶. 영성에 대한 가장 간명한 정의는 '그리스도 안에서 누리는 삶'이다. 저자는 이와 같이 제자의 삶을 요약하며, 영성의 길을 걷는 이들에게 네 가지 성찰 방식을 제시한다. 첫째, 자기 자신에 대한 냉정하고 진지한 탐구와 인식이다. 지성과 감성 전체로 자신의 실체를 깨닫고 인정할 때, 우리는 생명의 음성을 듣는다. 둘째, 하나님의 음성을 들으려면 평정을 찾도록 애써야 한다. 바쁜 현대 생활 속에서 잠시 멈추지 않으면, 하나님과 만날 '자기'마저 잃어버리고 만다. 셋째, 제자의 성장은 여정 속에서 계속된다. 스스로 만족하여 중단하지 않고, 교회와 예배의 훈련 안에서 성장한다. 넷째, 우리 삶과 공동체에 기쁨을 마련하는 일이다. 기쁨은 우리보다 훨씬 크고 초월한 어떤 현실과 관계를 맺고 있다는 느낌 속에서 솟구친다. 개인의 내면뿐만 아니라 공동체 안에서 함께 누려야 할 영성의 덕목이다. 우리는 하나님의 인간이기 때문이다.

지금까지 '우뚝 서서 가르치고, 낮게 앉아서 듣고, 함께 걸으며 기도하는' 로완 윌리엄스와 함께했다. 그의 성찰은 이제 처방전에 엉뚱하게 적힌 시(詩)로 읽힌다. 함께 듣고 읽고 대화하며 걷다 보면, 우리는 자연스레 약국을 지나치고 만다. 이제 어떤 화학약품을 우리 몸에 넣을 필요가 없다. 그의 언어는 감각과 은유의 언어여서 머리와 귀와 눈을 열어 읽으면 시나브로 우리 몸에 스민다. 그러나 예수의 삶이 깊이 녹아든 복음이 기초를 놓고, 우리보다 어려운 처지에서 살아갔던 교부와 성인들의 통찰이 기둥을 마련하며, 전례와 성사의 전통 안에서 기도와 훈련으로 다져진 영성이

살을 붙여 치밀하고 단단한 구조물을 감동적으로 세운다. 이것이 역사의 교회, 제자의 공동체다.

'제자도'는 성사의 삶이다. 이 책을 성사적 세계관 안에서 읽을 것을 부탁한다. 물질세계 안에 하나님이 깃들어 있다. 온갖 물질의 감각과 세상의 물리적 만남 안에서 하나님을 체험한다. 이를 깊이 응시하고 더 넓고 깊은 하나님의 삶을 우리 삶의 관계로 이으려는 관상적 변혁은 항상 전례와 성사의 논리와 감각을 애써 유지한다. 그래야 그리스도인은 '전례 이후의 전례'를 사는 제자가 되기 때문이다.

주낙현 신부
성공회 서울주교좌성당 사제

차례

해설의 글 10

서문 20

1 / 제자가 된다는 것 23

2 / 믿음 · 소망 · 사랑 47

3 / 용서 69

4 / 거룩함 83

5 / 사회 속의 신앙 99

6 / 성령 안의 삶 121

스터디 가이드 137

서문

그리스도인의 헌신이 어떤 일들로 이루어지는지 알려면 그 주제에 관한 책을 읽을 것이 아니라(이것은 당연한 일이지요!) 우리의 삶을 통해 예수 그리스도를 온전히 드러내는 모습으로 살고자 날마다 힘써야 합니다. 우리가 하는 말이 **신뢰할 만하**다는 사실을 입증하기 위해 애써야 합니다. 이처럼 날마다 그리스도께 "솔직"하고자 노력하는 가운데 우리가 그리스도인이라고 말하는 것이 어떤 의미인지를 다시금 배우게 됩니다.

    따라서 '제자가 된다는 것'은 최소한 두 가지를 뜻합니다. 간단히 말해 우리의 행동이나 생각하고 말하고 행하는 방식이 그리스도와 그분의 영께 열려 있는지를 꾸준히 묻는 것이요, 우리의 신실함과 정직성이라든가 우리가 한 말을 얼마나 진지하게 지키는지와 같은 어려운 문제들과 씨름하는 역량을 키워 나가는 것을 의미합니다. 또한 제자가 된다는 것은 우리가 교회로서 어떻게 **학습 공동체**를 계속 유지하며, 다른 사람들과 더불어 하나님과 깊은 관계를 맺어 성숙해 가느냐와 관계가 있습니다.

    이 작은 책에 담은 모든 글은 원래 연령과 배경에 제한을 두지 않고 평신도 그리스도인을 대상으로 행한 여러 강연을 묶은 것으로, 다양한 방식으로 이러한 쟁점들을 다루고 있습니다. 우리 모두 예수께서 가르치신 삶을 본받아 더욱 견고히 자라나 이 세상에 생명과 희망을 비추는 징표가 되는 일에 이 책이 작은 출발점이 될 수 있기를 간절히 소망합니다. 내 모든 강연에 귀를 기울이고 다양한 관점과 논평을 나눠 주고 문제를 제시하여 더욱 명료하게 볼 수 있도록 도와주신 모든 분께 감사의 마음을 전합니다.

로완 윌리엄스

1
제자가 된다는 것

다음 날 요한이 다시 자기 제자 두 사람과 같이 서 있다가, 예수께서 지나가시는 것을 보고서, "보아라, 하나님의 어린 양이다" 하고 말하였다. 그 두 제자는 요한이 하는 말을 듣고, 예수를 따라갔다. 예수께서 돌아서서, 그들이 따라오는 것을 보시고 물으셨다. "너희는 무엇을 찾고 있느냐?" 그들은 "랍비님, 어디에 묵고 계십니까?" 하고 말하였다. ('랍비'는 '선생님'이라는 말이다.) 예수께서 그들에게 대답하셨다. "와서 보아라." 그들이 따라가서, 예수께서 묵고 계시는 곳을 보고, 그날을 그와 함께 지냈다. 때는 오후 네 시쯤이었다.

| 요한복음 1:36-39

이 책의 제목(*Being Disciples*)에서 알 수 있듯이, 제자도란 삶의 상태(a state of being)를 가리키는 말입니다. 제자도는 '어떻게 살 것인가'라는 문제와 관련되며, 우리가 내리는 결단이나 믿는 내용뿐 아니라 삶의 상태까지 다룹니다. 요한복음 시작 부분(1:38-39)을 보면 인상 깊은 이야기가 나옵니다. 세례 요한의 두 제자가 예수께 찾아와 "랍비님, 어디에 묵고 계십니까?"라고 묻자, 예수께서는 "와서 보아라" 하고 말씀하십니다. 그리고 그들은 그날 예수와 함께 지내게 됩니다. 요한복음에서 우리는 제자도에 관한 사고에서 토대를 이루는 개념이 이처럼 함께 **묵는** 일과 밀접한 관계가 있다는 사실을 확인합니다. 요한복음의 뒷부분(특히 15장)을 보면, '묵다'라는 말과 이를 달리 번역한 '머물다'라는 말이 예수와 제자들의 이상적 관계를 설명하는 말로 사용됩니다. "내 안에 머물러 있어라.……너희는 내 사랑 안에 머물러 있어라"(요 15:4, 9).

다시 말해, 여러분이 제자가 되는 길은 이따금씩 얼굴을 들이

미는 일로 이루어지지 않습니다. 제자도는 원래 그리스어의 엄격한 문자적 의미로 '학생이 됨'을 뜻하지만, 일주일에 한 번 수업을 듣기 위해 (또는 설교를 듣기 위해) 얼굴을 내미는 일을 뜻하지는 않습니다. 제자도는 드문드문 이어지는 간헐적 상태가 아니라 지속적 관계를 가리킵니다. 고대 세계에서 '제자'가 되는 것은 오늘날에 비해 훨씬 더 이런 모습에 가까웠던 것이 사실입니다. 만약 오늘 여러분이 유망한 학생을 앞에 세워 놓고, 학생 됨의 본분은 스승의 모든 말을 꽉 붙잡고, 스승이 가는 곳마다 따라가고, 스승의 입에서 떨어지는 보화 같은 지혜를 하나라도 놓치지 않고자 스승의 집 문 앞에서 잠을 자고, 스승이 식탁이나 거리에서 어떻게 처신하는지를 지켜보는 것이라고 말한다면, 여러분에게 돌아올 응답은 결코 온화하지만은 않을 것입니다. 하지만 고대 세계에서는 그렇게 행동하는 것이 오히려 당연한 일이었습니다. 어떤 스승의 제자가 된다는 것은 모든 것을 바쳐 한 공간에 살면서 같은 공기를 마시는 일이었으며, 드문드문 얼굴을 내민다는 것은 있을 수 없었습니다.

이런 의미에서 '제자' 곧 배우는 자가 된다는 것은 쉬지 않고 바라보며 귀 기울여 듣는 일로 이루어지는 삶의 상태를 말합니다. 예를 들어, 제자가 된다는 것은 사막 교부들의 금언집에서 만나는 수련 수도사의 형편과 많이 비슷합니다. 수련자들은 진리를 배우려는 열망을 품고 어른 수도사의 둘레를 맴돌며 이따금 간곡하게

"신부님, 한 말씀 해주시기 바랍니다"라고 요청하고, 마침내 상급자가 들려주는 "네 죄를 위해 울라"와 같은 심오한 말을 따라 여섯 주에 걸쳐 침묵 기간을 지내게 됩니다. 또 (오늘날에도 볼 수 있듯이) 선종 불교의 사미승과 고승 사이에서도 이와 비슷한 관계를 볼 수 있습니다. 주위를 맴돌고, 집중해서 살펴보고, 삶의 방식을 받아들여 거기에 참여하게 됩니다. 삶을 나눔으로써 배우고, 바라보고 귀 기울여 들음으로써 배웁니다.

그러므로 요한복음 앞부분에 나오는 짧은 대화("'랍비님, 어디에 묵고 계십니까?'……'와서 보아라.' 그들이 따라가서, 예수께서 묵고 계시는 곳을 보고, 그날을 그와 함께 지냈다")는 제자도에 관해 살피는 일에서 아주 좋은 출발점이 됩니다. 요한이 이 대화를 자기 복음서의 시작 부분에 배치한 것은 우연이 아닙니다. 요한이 제자도에 관해 말하려는 것을 파악하려면, 제자가 되는 일에 따르는 이러한 '비간헐적' 특성, 곧 함께 머무르고 공유하는 일에 관해 이해할 필요가 있습니다.

인식하고 집중하기

이렇게 장소와 환경과 삶의 상태를 공유하는 일에 관해 좀 더 자세히 설명해야 마땅하겠으나, 우선은 그것과 관련된 것으로서 **인식**의 상태로서의 제자도에 대해 잠시 생각해 보려고 합니다. 제자로 세움받은 목적은 지식을 받아 적고는 돌아가서 그것에 관해 생각하는 데 있지 않습니다. 제자로 사는 사람은 변화를 이루는 것을 목적으로 삼으며, 그 결과 전체 세상을 경험하고 이해하는 방식이 바뀌게 됩니다.

탁월한 웨일즈계 영국 시인인 데이비드 존스(David Jones)는 후기에 펴낸 시에서 시인인 자신과 하나님의 관계를 다음과 같은 날카로운 말로 묘사했습니다. "문명의 전환기에는 그분을 놓치기 쉽다." 인식으로서의 제자도는 문명의 전환기나 다른 어디서건 여러분이 하나님이나 예수 그리스도를 놓치는 일이 **없도록** 돕는 역량을 계발하고자 애씁니다. 이렇게 볼 때, 인식은 이른바 **기대하는** 일과 뗄 수 없는 관계에 있으며, 이런 특성은 진정한 제자의 모습을 가장 선명하게 보여주는 한 가지 면모입니다. 제자들은 언제라도 스승이신 주님을 통해 놀라운 일이 일어나고 평범한 일을 통해 큰 일이 발생할 것이요, 그렇게 해서 새 빛이 세상을 비추게 될 것이라는 점을 당연하게 여긴다는 점에서 '기대하는 사람들'입니다. 주님께서 뭔가 놀라운 일을 말씀하시거나 보여주실 터인데, 여러분이 주님의 무리 안에 속하고 여러분의 인식이 (관상기도를 주장하는 사람들이 말해 왔듯이) 조류 관찰자의 인식과 비슷해질 때

실재는 활짝 열리게 됩니다. 뛰어난 조류 관찰자는 한곳에 자리를 잡고 침묵을 유지하면서 조급해하거나 안달하지 않고 시선을 흐트러뜨리지 않는데, 그곳이 바로 뭔가 놀라운 일이 돌연 눈앞에 펼쳐질 자리라는 것을 알기 때문입니다.

나는 기도를 이처럼 조류 관찰에 빗댄 이미지를 늘 아껴 왔습니다. 뭔가 놀라운 일이 돌연 눈앞에 펼쳐질 것을 알기에 꼼짝 않고 앉아 있는데, 물론 그런 행동은 아무 일이 일어나지 않는데도 온종일 빗속에서 버텨야 한다는 것을 뜻하기도 합니다. 내 생각에는 우리 대부분의 기도 경험이라는 것이 대체로 그렇지 않을까 싶습니다. 하지만 T. S. 엘리엇(T. S. Eliot)이 「번트 노턴」 제4항에서 노래한 대로, "물총새의 날개"가 반짝이며 "빛에 빛"을 보태는 기묘한 순간이 있기에 우리의 그 모든 노력이 가치가 있습니다. 내가 볼 때 이런 기대감을 품고 사는 것, 곧 그 일이 일어날 때 볼 수 있을 만큼 여유로우면서도 집중하는 마음을 지니고 눈을 활짝 열어 인식하는 삶을 사는 것이 제자도의 기본입니다.

이처럼 복음서에서는 제자들이 단순히 듣는 일에서 끝나지 않고 **보는** 사람으로도 그려집니다. 제자는 모든 곳에서 실마리를 찾아내는 사람입니다. 우리는 이 일이 여러 복음서에서 매우 다양한 모습으로 나타나는 것을 볼 수 있는데, 말하자면 예수의 제자들은 제 나름의 다양한 방식과 속도로 사물을 이해합니다. 예를 들어, 마가복음은 제자들이 실마리를 찾아내는 일에서 믿을 수 없을 정도로 둔감한 것으로 묘사하는 경향이 있습니다. 한마디로 말해 제자들은 그 일을 할 줄 모릅니다. 물총새가 쏜살같이 지나쳐 간 뒤 베드로나 다른 제자(주로 베드로가 그렇지요)는 돌이켜 "아! 그걸 놓쳐 버렸네"라고 말합니다. 이에 반해, 요한복음에서 우리는 제자들이 "그의 영광"을 보고(요 2:11) 이해하기 시작한 때(갈릴리 가나에서 첫 번째 표징을 행한 직후)부터 인식과 깨달음의 순간들을 차곡차곡 축적해 왔음을 보게 됩니다.

이 봄이라는 주제는 (요한복음 20장에서) 베드로와 사랑받은 제자가 빈 무덤 속으로 몸을 굽혀 개켜 있는 수의를 보는 일에서 절정에 이릅니다. 이 본문은 참으로 놀라운 구절인데, 먼저 베드로가 안으로 들어가 "살펴보는"(notice) 순간과 다른 제자가 들어가 "보는"(see) 순간을 아주 선명하게 구분짓기 때문입니다. 정말이지 우리는 요한복음 이야기 전체에서 이 두 단어가 사용되는 예를 도표로 작성해서, 요한이 제자의 사명이라고 제시하는 인식의 여러 단계와 양식들을 도출할 수도 있습니다.

요한의 이야기라고 해서 제자들이 언제나 올바로 이해하고 있는 것은 아닙니다. 제자들은 마가복음에서 묘사하는 만큼 아둔하지는 않아도 여기서도 종종 둔한 모습으로 등장합니다. 하지만 이런 특성은 우리 자신의 제자도의 여러 모습들과 일치합니다. 사실 되돌아보면, 긴 세월 동안 우리는 "어쩜, 내가 그렇게 둔할 수 있었지?"라고 느끼거나 참 빈번하게 "그래, 내가 여태껏 전혀 보지 못했으나 이제 연결되기 시작한 것이야"라고 생각했습니다. 많은 사람들이 그렇겠지만 내 경우에도 제자가 되고자 애쓰는 마음으로 요한복음을 읽다 보면 신나는 경험을 하게 되는데, 그것은 놀라운 이야기가 펼쳐지면서 여러 가지 일들이 연결되는 것을 보게 되는 멋진 일입니다. 베드로와 요한이나 나머지 제자들도 실상은 우리와 크게 다르지 않았다고 나는 확신합니다. 말하자면 그들도 그들 나름대로 우둔한 시절을 지냈습니다. 하지만 그 날들은 또한 사물들이 연결되기 시작하는 날이요, 여러분 앞에 드러나는 크고 놀라운 그림의 실마리를 발견하는 날이기도 합니다.

제자들은 유익한 말씀을 귀 기울여 들을 뿐만 아니라, 눈을 크게 뜨고 긴장하고 정신을 집중하여 상징적 행위들을 살펴봅니다. 또 행동을 살펴서 어떻게 예수를 중심으로 실재가 재구성되는지 알려 주는 실마리를 찾아냅니다. 다시 요한의 이야기 앞부분으로 돌아가, 가나의 혼인 잔치를 봅시다. "예수께서 이 첫 번 표징을 갈릴리 가나에서 행하여 자기의 영광을 드러내시니, 그의 제자들이 그를 믿게

> 제자들은 유익한 말씀을 귀 기울여 들을 뿐만 아니라, 눈을 크게 뜨고 긴장하고 정신을 집중하여 상징적 행위들을 살펴본다.

되었다"(요 2:11). 제자들은 거기서 일어나고 있는 일을 보고 무엇인가 연결되는 것을 알게 됩니다. 자기들 앞에 놓인 것이 헌신할 만한 가치가 있다는 것을 깨닫습니다.

그러나 그런 표징과 상징적 행동들은 종종 난해하거나 모호합니다. 복음서의 이야기들에는 흔히 '그렇게 행하신 목적이 무엇인가?'라는 질문이 따라붙습니다. 공관복음서를 보면 예수께서 예루살렘으로 가시던 길에 무화과나무를 저주하신 일이 나옵니다(마 21:18-22, 막 11:12-14, 20-25). 거기서 일어난 사건을 보고 제자들이 당황했던 일은 현대의 많은 독자들에게서도 일어납니다. 하지만 거기서 일어난 일은 이를테면 예수께서 행동을 통해 제자들에게 "너희는 그것을 어떻게 이해하느냐?", "너희는 그 일이 무엇을 말하는지 아느냐?"라고 말씀하시는 것입니다.

또 마가복음 8장을 보면 예수께서 4천 명의 무리를 먹이신 뒤에 배 위에서 제자들과 나눈 기이한 대화가 나옵니다. 예수께서는 "아직도 알지 못하고 깨닫지 못하느냐?"라고 묻습니다(막 8:17). 그리고 두 번에 걸쳐 5천 명과 4천 명을 먹인 일에서 제자들이 무엇을 보았느냐고 물으시고는, 마지막으로 서글프게 "너희가 아직도 깨닫지 못하느냐?"라고 말씀하십니다(막 8:21). 이 대화의 정확한 의미를 두고 성경학자들은 계속 골머리를 앓아 왔습니다. 하지만 오늘 우리에게 중요한 점은, 예수께서 제자들에게 인식하고 기대할 것을 요구하신다는 것입니다. 다시 말해, 말씀에 귀 기울여 듣는 일 못지않게 주의를 기울여 행동을 살펴보고, 물총새의 날갯짓처럼 돌연 세상을 변화시키는 빛이 나타날 때 놓치지 않을 만큼 내적 평정을 유지하면서 지켜보라고 요구하십니다.

  오늘날 그리스도의 제자가 되려고 애쓰는 우리에게도 인식과 기대는 똑같이 중요합니다. 우리는 분명 처음 제자들과는 다른 형편에 있습니다. 우리는 부활 이후의 신자들이며 또 복음서에 나오는 처음 제자들보다는 조금 더 많이 이해할 수 있습니다. 적어도 이론상으로는 그렇습니다. 우리에게는 성령이 함께하셔서 지도하고 깨우쳐 주며, 우리의 인식에 활력을 부어 주고 기대감에 불을 붙여 주십니다. 첫 제자들처럼 우리도 귀 기울여 들을 뿐만 아니라 바라봅니다. 우리는 우리가 사는 이 세상을 기대감을 가지고 지켜봅니다. 성경 속에서 우리를 향해 솟아나는 말씀에 귀를 기울여 듣습니다. 또 성사를 통해 교회가 자신의 정체를 드러내는 놀라운 행위를 바라보면서, 성령께서 다시 연결을 이루어 주시도록 구합니다.

  그러나 이것이 전부가 아닙니다. 우리는 그리스도인으로서 기대감을 품고 서로 다른 사람을 바라봅니다. 이 일은 꾸준히 이어 가기가 그리 쉽지 않은 제자도의 한 측면입니다. 하지만 분명히 기억해야 할 것이 있습니다. 우리가 다른 그리스도인이나 그리스도교 공동체 앞에 설 때 가장 먼저 생각해야 할 일은 '그리스도께서 이 사람이나 모임을 통해 내게 주시려는 것이 무엇인가'라는 물음입니다. 우리와 함께하는 다른 그리스도인들을 늘 얼굴을 맞대고 볼 수 있는 것은 아니라는 점을 고려하면 이렇게 하는 것이 참 어려울 수 있습니다(또 그들이 우리를 바라보는 것도 마찬가지로 어려운 일입니다). 그렇다고 해도 예수께서는 우리를 하나로 묶어 주셨으며, 그래서 우리는 그런 기대감을 품고 서로에게 다가섭니다. 이렇게 말한다고 해서 여러분이 다른 그리스도인이 말하거나 행하는 일에 무조건 동의해야 한다는 뜻은 아닙니다. 다만 '예수 그리스도께서 지금 여기서 내게 주시는 것이 무엇인가?'라는 물음으로 시작해야 한다는 의미입니다. 정치나 숨겨진 의도, 혹은 그와 비슷한 일 따위에는 전혀 신경 쓰지 말고, 단지 그런 질문으로 시작하기 바랍니다. 그럴 때 여러분은 제자도에서 한 걸음 더 앞으로 나아갈 수 있게 됩니다. 우리 교회가 이렇게 서로에게 기대감을 품는 모습으로 바뀔 수 있을까요? 그렇게만 된다면, 참으로 성서적이면서도 복음으로 다듬어진 교회를 경험하게 될 것입니다.

예수와 함께하기

인식, 기대, 삶의 상태로서의 제자도. 이것들은 모두 제자란 **따르**

는 사람이라는 개념과 밀접하게 얽혀 있습니다. 이렇게 귀 기울여 인식하고 기대감을 지니는 것은 따르는 행위를 전제로 합니다. 인식하고 기대하는 행위는 기꺼이 주님 계신 곳을 찾고 주님 가시는 곳으로 따라나서는 일로 이루어지기 때문입니다. 그런데 복음서에서 주님께서 가신 곳을 살펴보면, 그곳에 우리도 갈 만하다거나 가고 싶다는 생각이 들지 않을 때가 참 많습니다. 그래서 우리의 처형 도구 곧 십자가를 지고 그분 가시는 길을 따른다는 말이 나온 것이지요. 이 말이 참 친숙하고 경건하게 다가오지만, 본래의 의미대로 끔찍하고 혹독한 말로 새롭게 들을 필요가 있습니다.

여기서 잠깐 누가복음 14장을 살펴봅니다. 이 말씀에서 예수께서는 제자들이 어떻게 살아서는 **안 되는지** 계속해서 힘주어 말씀하십니다. 참 감당하기에 힘겨운 말씀입니다. 예수께로 나온 사람들은 부모나 처자식, 형제자매보다 그분을 더 사랑하지 않으면 그분의 제자가 될 수 없습니다(눅 14:26). 당연히 자기 자신보다도 그분을 더 사랑해야 합니다. "누구든지 자기 십자가를 지고 나를 따라오지 않으면, 내 제자가 될 수 없다"(눅 14:27). 제자가 되는 일을 두고 이처럼 '할 수 없다'고 말하는 언어가 14장 전체에서 경종을 울리며 이어집니다. 하지만 요점은 이렇습니다. 여러분이 주님 계신 곳에 함께하려고 할 때, 여러분 생각에 자연스럽고 평안한 일로 떠오르는 것들만으로는 여러분이 있게 될 자리가 어떤 곳인지 결코 알 수 없다는 점입니다. 여러분이 있게 될 자리는 여러분 스스로 정할 수 있는 것이 아니며, 심지어 여러분의 특성이나 관계들에 의해 결정되는 것도 아니고, 언제나 주님께서 정하십니다. 누가복음과 요한복음에서 말하는 것처럼 "제자는 스승보다 높지 않"기 때문입니다(눅 6:40, 요 13:16). 주님과 함께한다는 것은 궁극적으로 그분과 여러분의 관계에 비추어서 여러분이 어떤 사람인지 결정된다는 점을 인정하는 것입니다. 만약 다른 관계들이 이 기본적 관계를 왜곡시키면서까지 여러분을 규정하게 된다면, 여러분은 여러분 자신의 행복은 물론 주위에 있는 모든 사람의 행복을 위해 극히 중요한 것을 잃어버리게 됩니다. 여러분이 스스로 계획하거나 실현할 수 있는 일 이상으로 사랑의 가능성까지 잃어버리게 됩니다. 하나님을 덜 사랑하면 그만큼 모든 사람과 모든 것도 덜 사랑하게 됩니다.

주님을 따르는 목적은 그분과 한 자리에 있기 위해서입니다. 매우 흥미로우면서도 서로 약간 다른 두 가지 방향에서 이 개념을 다룰 수 있습니다. 첫째는 아주 자명하면서도 신약성경의 제자도에 관해 생각하는 데 중요한 개념입니다. 예수께서 계신 곳에 있다는 말

> 예수께서 계신 곳에 있다는 말은 예수께서 찾으시는 사람들의 무리 안에 있다는 것을 뜻한다.

은 예수께서 찾으시고 지키시는 사람들의 무리 안에 있다는 것을 뜻합니다. 예수께서는 소외된 사람, 멸시당하는 사람, 불행한 사람, 자기혐오에 빠진 사람, 가난한 사람, 병든 사람들의 무리를 선택하시며, 그래서 여러분도 그 무리에 들게 됩니다. 만일 여러분이 예수께서 계신 곳에 있기를 원하고 또 간헐적인 것이 아니라 삶의 방식으로 제자도를 실천한다면, 당연히 여러분은 그분이 계신 그 인간 무리에 속하게 됩니다. 이 사실은 또 제자도가 우리의 무리를 선택하는 일이 아니라 예수의 무리를 선택하는 일과 관계가 있다는 점을 다시 깨우쳐 줍니다. 더 정확히 말하면, 예수의 무리를 위해 우리가 선택되었다는 사실을 받아들이는 것이라고 말할 수 있습니다.

이런 까닭에, 교회의 역사 전체를 살펴볼 때―오늘날에도 역시―예수의 훌륭한 제자들은 만약 자기네가 예수가 계신 곳에 있기를 원하지 않았더라면 결코 함께 어울리게 되리라고 생각조차 못했던 사람들의 무리에 자신들이 끼어 있는 경험을 합니다. 그들은 복음을 전하기 위해 땅 끝까지 나갔으며, 낯선 사람들 한가운데서 "어떻게 여기까지 이르게 되었을까?"라고 놀라워합니다. 19세기에 선교 활동을 펼쳤던 탁월한 인물 토머스 프렌치(Thomas French) 같은 사람을 생각해 보십시오. 그는 많은 시간을 페르시아만 지역에서 사역하며 주교로 봉사했습니다. 그 당시 그 지역의 그리스도인은 한 자릿수에 불과했습니다. 결국 그는 열병에 걸려 무스카트 해안에서 외로이 삶을 마감했습니다. 무엇이 그를 그곳으로 이끌었을까요? 예수께서 계신 곳에 함께 있겠다는 열망, 자기가 찾는 사람들의 영혼 속에도 예수에 대한 지식이 싹트고 활짝 꽃피기를 바라는 마음 외에 무엇이겠습니까? 오랜 세월 중동 지역에서 사역하면서도 전혀 회심자를 얻지 못했다 해도 상관이 없었습니다. 그가 그곳으로 갔던 첫째 목적은 회심자를 얻기 위해서가 아니었습니다. 그가 그곳에 있었던 것은 무엇보다도 예수 그리스도의 무리 안에 있기를 원했기 때문입니다. 그는 예수께서 찾으시고 생명 주시기를 원하셨던 사람들과 함께 어울리고 그들을 깊이 사랑했습니다. 그가 한 일은 실패가 분명한데, 그 실패의 드라마가 십자가 위에서 버림받은 예수님의 '실패'처럼 내 마음을 그의 이야기로 끌어당깁니다. 그의 이야기는 결과에는 아랑곳하지 않고 예수가 계신 곳에 함께 있는 일에 관심을 두는 제자도가 어떤 모습인지를 여실히 드러내 보여주기 때문입니다.

아들을 통해 아버지와 함께하기

예수와 함께하는 일에 따르는 또 한 가지 훨씬 더 중요한 결과가 있습니다. 요한복음에서 거듭 분명하게 강조하는 결과입니다. "내가 있는 곳에는, 나를 섬기는 사람도 나와 함께 있을 것이다"라고 예수께서 말씀하십니다(요 12:26). 그런데 요한이 복음서 앞부분에서 하는 말에 의하면, 예수 그리스도께서 계신 곳은 "아버지의 마음"입니다(요 1:18). 오래된 번역본들을 따르면 하나님의 말씀은 "아버지의 품속"에 있습니다. 예수님이 계신 곳에 우리도 있습니다. 우리가 그분이 계신 곳에 함께한다는 말은 세상에서 실천하는 선교와 전도와 봉사라든가 버림받은 사람들을 품어 섬기는 일에서 주님과 함께한다는 것만을 뜻하지 않습니다. 우리는 예수께서 아버지 가까이 계시는 일에서도 그분과 함께합니다. 우리는 세상 끝까지 나아가 그분이 행하신 일을 본받아 섬기는 일에서만 그분을 따르는 것이 아닙니다. 아버지의 마음에 거하는 일에서도 그분을 따릅니다.

요한복음을 보면, 제자들이 주님 하신 일을 본받아 행하는 방식과 예수께서 아버지와 자신의 관계에 관해 말씀하시는 것 사이에 밀접한 관계가 있습니다. 요한복음 5:19-20을 보면 요한복음의 위대한 선언 가운데 하나로, 아들은 아버지께서 하시는 것을 보고 그대로 따라 한다는 말이 나옵니다. 아들은 아버지의 영원한 행위를 응시하고 흡수하여, 그것을 자신의 삶을 통해 영원과 역사 속에서 그대로 실천합니다. 하나님의 말씀이신 아들은 아버지의 영원한 행위를 받아들여서 그것을 다른 상황 속에서 현실화시킵니다. 요한이 자기 복음서 여러 곳에서 우리의 봄과 행함에 대해서도 이와 비슷한 말로 묘사하는 것은 우리가 이런 모습을 본받기 바라서가 아닐까요? 영원하신 말씀과 영원하신 원천(the eternal Source)이 서로 관계 맺는 방식이 궁극적으로 우리 제자도의 토대가 된다고 말하고 싶은 것이 아닐까요?

이 사실을 요한복음 7:3-4의 내용과 비교해 보십시오. 이 본문에서 예수의 형제들은 "여기에서 떠나 유대로 가셔서, 거기에 있는 형님의 제자들도 형님이 하는 일을 보게 하십시오. 알려지기를 바라면서 숨어서 일하는 사람은 없습니다"라고 말합니다. 흔히 그렇듯이 여기에는 반어적 의미가 담겨 있습니다. 즉 예수께서는 예루살렘으로 가셔서 드러내 놓고 행동하실 터인데, 그 행동은 결국 고통과 죽음으로 이어질 것이라는 말입니다. 제자들은 예수의 고통과 무기력함이 바로 그분의 행동이요 심지어는 신적 행동이라는 것을 **보게** 될 것입니다. 고별 담화를 이루는 핵심 묵상들(특히 요한복음 17장)에서도 역시, 예수께서 고난당하면서 하시는 일이 무엇인지 보는 것이 아주 중요하다고 말합니다. 제자들은 예수께서 목숨이 달린 위험한 일에 뛰어들어 무슨 일을 하시는지 보고서, 그것이 아버지께서 하시는 일을 하는 것이라는 사실을 압니다. 또 제자들은 예수와 아버지께서 서로에게 돌리는 '영광'을 보고서, 그 영광이 자기들에게 허락되는 것을 봅니다. 제자들과 예수 사이에서 이루어지는 봄과 행함은 예수께서 아버지를 보고 행하는 일과 연관 지어서 이해할 필요가 있습니다. 예수께서는 아버지를 보고서 자신이 해야 할 일과 당할 고난이 어떤 것인지 압니다. 그래서 예수께서 당한 고난은 끔찍한 역사적 재앙으로 끝나지 않고 하나님의 행위가 됩니다. 제자들은 십자가에서 이 영광스럽고 거룩한 일을 보며, 그래서 기쁠 때나 고통스러울 때나 자기의 삶을 하나님의 행위에 맡기게 됩니다.

이 사실은 또 이번 장을 시작하면서 내가 제자도의 '비간헐적' 특성이라고 불렀던 것을 이해하도록 도와줍니다. 예수께서 아버지와 맺는 관계는 간헐적으로 이루어지는 일이 아닙니다. 예수께서는 아버지에게서 가끔가다 조금씩 가르침을 받는 게 아닙니다. 그분의 관계는 지속적이고 영원하며 깨지지 않습니다. 예수께서는 아버지의 신비로운 사랑을 응시하며, 그 사랑을 하늘과 땅에서 실천합니다. 그래서 우리는 제자의 삶을 통해 그 가없는 사랑의 신비를 응시하고 그와 동일한 영원한 뜻을 힘써 행하도록 부름받습니다. 주님의 기도에서 가르치듯, 그와 동일한 행동을 하늘에서처럼 땅에서도 "행하도록" 부름받습니다.

이 사실을 기초로 우리는 좀 더 크게 볼 때 제자도의 실체는 삼위일체의 삶과 밀접한 관계가 있다는 생각에 이르게 됩니다(물론 성경적으로 타당한 생각입니다). 앞서 언급한 요한복음 구절에서 알 수 있듯이, 하나님의 삼위일체적 삶을 깊이 헤아리면, 지금 여기서 우리가 제자로 사는 데 토대와 힘을 제공해 주는 것이 무엇인지 더 잘 이해하게 됩니다. 우리는 보고 행동합니다. 그 까닭은 옛 세상에서 제자나 학생들이 그렇게 했기 때문이 아닙니다. 우리가 보고 행동하는 이유는 아버지와 아들이 영원토록 관계를 이루는 방식이 바로 그렇기 때문입니다.

삶과 행동

앞에서 살펴본 내용을 하나로 정리합니다. 성경적 관점에서 제자의 정체성을 살펴보면, 간단히 말해 한결같은 마음으로 그리스도의 무리 안에 있겠다는 자발적 태도라는 것을 알 수 있습니다. 이 말이 현대를 사는 그리스도인들에게 실질적으로 의미하는 것은, 그리스도를 섬기는 다른 종들의 무리와 늘 함께하고, 성경 속에 계시된 그리스도와 교제하며, 기도를 통해 성령 안에서 아버지와 아들과 교제하는 일에 힘쓴다는 것입니다. 이 모든 일은 우리에게 일정한 수준의 내적 평정과 균형, 다시 말해 조류 관찰자의 집중력을 요구합니다. 또 주의 집중과 기대감, 곧 자아에 집착하는 데서 해방되어 하나님께서 그리스도 안에서 베푸시는 일을 향해 마음을 열고 돌아서는 마음의 태도를 요구합니다.

초보적 수준에서 이 일은 성경과 성사에, 그리고 그리스도의 몸 안에서 누리는 삶에 주의를 집중하는 태도를 배우고 키우는 것을 의미합니다. 여기서 비롯되는 둘째 단계는 모든 사람과 장소와 사물들을 향한 새로운 수준의 집중력을 배우는 것을 뜻합니다. 또 기대하는 눈으로 모든 것을 바라보며, 그 안에서 하나님의 놀라운 일이 발생하기를 기다리고, 그리스도의 무리 안에 속하고, 집중력을 배워서 빈틈없는 평정을 유지하고, 돌연히 터져 나올 빛을 찾고 기다리는 것을 뜻합니다. 셋째 단계는 그리스도께서 가시는 곳을 주의 깊게 살피며 그분께서 품으시는 사람들과 교제를 나누는 것을 의미합니다. 예수께서 복음서 속에서 그리고 오늘날에도 많은 시간을 내어 만나 주시는 사람들에게서 우리는 전혀 예상치 못한 뜻밖의 모습을 발견하게 됩니다. 이것은 무엇보다도 중요한 일로, 우리는 예수께서 아버지와 교제하시면서 그 교제 안에 영원토록 계신 것을 발견하게 됩니다.

따라서 집중력은 그저 아름다움을 감지하는, 일종의 심미적 태도에 불과한 것이 아닙니다. 집중력이란 이렇게 기대하는 마음에 적극적이고 변혁적인 사랑을 더하고, 교제를 지속함으로써 그 결과 행위와 관계가 발생하게 하도록 기꺼이 일하는 태도이기도

합니다. 제자가 된다는 것은 예수의 무리 안에 속하고, 평정과 집중력과 기대감을 배우며, 예수께서 가시는 곳으로 가서 그분이 품어 주신 사람들의 무리 안에 속하는 것을 뜻합니다. 제자가 된다는 것은 또 행위가 발생하고 관계가 형성되도록 하는 것이며, 아버지의 행위가 아들을 통해 이루어졌듯이 그리스도의 행위가 우리를 통해 이루어지게 하는 것을 뜻합니다.

이렇게 성경을 통해 살펴본 제자의 정체성을 기초로 삼아 우리는 예수를 따르는 제자도가 아버지와 아들과 성령의 관계로 구현되는 삼위일체적 삶의 양식, 곧 관상적 삶의 양식이라는 사실을 알 수 있습니다. 이 말은 우리가 모두 은둔수도자가 되어야 한다는 뜻이 아니라, 온전한 평정과 균형을 유지할 만큼 성숙하여 다른 사람과 세상을 향해 열린 자세를 지닐 수 있어야 하며, 그 결과 하나님의 행위를 담아내는 변혁적 삶을 이루어 우리 자신과 주위의 환경과 세상을 변화시킬 수 있어야 한다는 의미입니다.

> 온전한 평정과 균형을 유지할 만큼 성숙하여 다른 사람과 세상을 향해 열린 자세를 지닐 수 있어야 한다.

삼위일체적 삶, 관상적 삶, 변혁적 삶. 여기서 관상과 행동 사이에는 (요한복음에서도 가르치듯이) 전혀 대립이 없습니다. 그런데도 그리스도인들이 흔히 걸려 넘어지는 끔찍하고 진부한 사고 가운데 하나가 어떤 것이 더 중요한가를 따지는 물음, 곧 관상이냐 행동이냐를 묻는 물음입니다. 이 물음에 관한 대답은 명백합니다. 만일 여러분이 '행동 없는 관상'이나 '관상 없는 행동'을 생각한다면, 인간의 삶에 실로 열매를 주지 못할 뿐만 아니라 심지어 삶을 파괴할 만한 선언문을 작성하는 셈이라는 점입니다. 관상과 행동을 묶어야 합니다. 관상은 변혁적 행동의 진정한 근거를 향해 마음을 여는 일입니다. 그래야 둘이 서로 대립하는 교착 상태에 빠지지 않게 됩니다. 기도와 행동을 가르친 위대한 스승들은 이 둘을 아주 탁월하게 하나로 묶었습니다. 예를 들어, 아빌라의 테레사(St Teresa of Avila, 1515-1582)는 이렇게 표현합니다. 머리카락을 쭈뼛 서게 하는 온갖 신비 경험을 통해서 마침내 우리가 '진전'을 이룰 때 생겨나는 일은 아주 평범합니다. 마음속에 자리 잡은 영원한 사랑이 가득 차서 우리 일상의 작고 평범한 일을 조금 더 잘하게 된다는 것입니다(다시 말해, 테레사가 말하는 영적 여정의 [마지막] '일곱째 궁방'에 들어가 하나님과 영적 합일에 이르면, 여러분은 설거지를 좀 더 잘하게 된다는 것입니다).

이처럼 하나님과 다른 사람들에게 집중하고 기대감을 지니는 습성의 결과로, 이 세상 속에는 여러분에게 하나님께서 정하신 변화가 일어나게 만드는 존재와 행동의 양식—이 양식은 자만심과 염려에 얽매이지 않습니다—이 형성되고 가득 차게 됩니다. 이 일은 눈 부릅뜨고 주먹 불끈 쥐고 싸우고 애써서 이뤄내는 것이 아니라, 뭔가 중요한 일이 발생하도록 내어 맡길 때 일어납니다. 다시 말해, 여러분의 인식 안에서 뭔가 저항할 수 없는 일, 곧 하나님께서 계획하신 일이 활짝 피어나 하나님만이 이루실 수 있는 차이가 완성되도록 내어 맡길 때 일어납니다. 지금까지 살펴본 대로, 제자란 간단히 말해 배우는 사람입니다. 그리고 이 말은 궁극적으로 제자가 무엇을 배우느냐의 문제입니다. 다시 말해, 이 세상 속에서 어떻게 하나님의 행위가 살아 역사하는 자리가 되느냐의 문제입니다.

2
믿음 · 소망 · 사랑

사랑은 없어지지 않습니다. 그러나 예언도 사라지고, 방언도 그치고, 지식도 사라집니다. 우리는 부분적으로 알고, 부분적으로 예언합니다. 그러나 온전한 것이 올 때에는, 부분적인 것은 사라집니다. 내가 어릴 때에는, 말하는 것이 어린아이와 같고, 깨닫는 것이 어린아이와 같고, 생각하는 것이 어린아이와 같았습니다. 그러나 어른이 되어서는, 어린아이의 일을 버렸습니다. 지금은 우리가 거울로 영상을 보듯이 희미하게 보지마는, 그 때에는 얼굴과 얼굴을 마주하여 볼 것입니다. 지금은 내가 부분밖에 알지 못하지마는, 그 때에는 하나님께서 나를 아신 것과 같이, 내가 온전히 알게 될 것입니다. 그러므로 믿음, 소망, 사랑, 이 세 가지는 항상 있을 것인데, 그 가운데서 으뜸은 사랑입니다. ㅣ 고린도전서 13:8-13

믿음·소망·사랑, 이 세 가지는 그리스도의 제자로 사는 데 없어서는 안 될 특성입니다. 그런데 이 특성들은 어떻게 작동할까요? 또 이 특성들을 자라게 하는 가장 좋은 방법은 무엇일까요? 그리스도교 역사에서 위대한 신비주의자로 이름을 남긴 16세기 스페인 수사 십자가의 성 요한(St John of the Cross)이 이 문제를 다루면서 탁월한 통찰력을 보여주었기에, 나는 그의 견해를 조금 에두른 방식으로 받아들여 문제를 탐구하려고 합니다.

그 당시에 활동했던 여러 신학자들처럼 십자가의 성 요한도 인간의 정신이 세 가지 기본적 방식으로 작용한다는 견해를 따랐습니다. 그 견해에 의하면, 인간의 정신은 **이해하고, 기억하며, 원합니다**. 좀 더 추상적인 용어로 바꿔 말하면, 인간의 정신은 지성과 기억과 의지의 상호작용으로 이루어집니다. 십자가의 성 요한은 만일 지성·기억·의지를 믿음·소망·사랑과 함께 묶어 생각한다면 우리가 시작하는 곳과 끝내는 곳에 대한 완벽한 그림을 그려 낼 수 있다는 독특하고도 새로운 통찰을 제시합니다. 그의 말에 의하면 그리스도인의 삶에서 믿음은 지성에서 일어나고, 소망은 기억에서 일어나며, 사랑은 원하는 일에서 일어납니다. 그래서 제자로 성장한다는 것은 지성에서 믿음으로, 기억에서 소망으로, 의지에서 사랑으로 여행을 떠나는 일입니다.

> 제자로 성장한다는 것은 지성에서 믿음으로, 기억에서 소망으로, 의지에서 사랑으로 여행을 떠나는 일이다.

십자가의 성 요한은, 그리스도인이 이렇게 성장하는 과정에서 가장 어려운 일 가운데 하나가 그 길에서 방향감각을 잃어버렸다는 사실을 아는 것이라고 생각했습니다. 우리가 이해한다고 생각했는데 사실은 전혀 그렇지 못하다는 것을 깨닫습니다. 우리가 기억한다고 생각한 것이 혼란으로 뒤덮여 있습니다. 또 우리가 원했던 일들이 공허한 것으로 드러납니다. 우리의 지성과 기억과 의지가 진정 하나님께서 원하시는 모습이 되기 위해서는 믿음·소망·사랑 안에서 우리 자신이 다시 지음받아야 합니다.

나는 이러한 구조를 믿음·소망·사랑에 관해 성찰하는 도구로 사용하여, 현대 문화 속에서 지성과 기억과 의지와 관련해 우리를 압박하는 문제와 곤경들에 대해, 즉 문제제기 방식을 부정하거나 회피하고자 우리가 사용하는 방책들에 대해 살펴보려고 합니다. 그에 더해 우리가 제자로서 온전한 인간성으로 나아가는 방향을 되찾고 거기에 참여할 수 있는 방법은 무엇인지도 살펴보려고 합니다.

믿음과 지성

먼저 지성 곧 이해력부터 살펴봅니다. 지금 우리가 살고 있는 문화에서는 지성이 그리 대단한 것으로 대접받지 못하고 있다는 점을 지적하고 싶습니다. 그런데 이렇게 말하는 것이 조금 지나친 듯해서 약간 설명을 덧붙입니다. 여기서 쟁점이 되는 것은, 진리 그 자체를 논하는 일에 여러 요소들이 개입되어 크게 혼란을 겪고 있는 형편에서 어떻게 사물을 바르게 **이해할 수 있느냐**의 문제입니다. 사람들이 끈질기게 '진리란 무엇인가?', '진리라는 게 과연 존재하는가?'라고 따져묻는 문화 속에서 **지성**은 어떻게 기능합니까? 전통적으로 지성은 정신과 그것을 초월하는 대상 사이의 적합한 관계 또는 일치하는 관계라는 개념과 관계가 있기 때문입니다. '초월'이 없다면 적합성도 있을 수 없습니다. 이 말은 또 지성이 진보할 때 그에 따라 제기되는 골치 아픈 문제들도 없다는 것을 의미합니다. 그런 형편에서는 좋게 보아 새로운 관점들이 제기되거나 창안되지 않기 때문입니다.

오늘날에는 주로 기능적 측면에서 지성이나 지식을 다루는 이론이 널리 퍼져 있습니다. 교육의 목적을 논하면서 그 주된 목표는 사람들을 경제적인 면에서 훨씬 더 경쟁력 있게 만드는 데 있다고 주장하는 공식 문헌 같은 것들을 생각해 보십시오. 그런 주장이 무엇을 말하든지 간에 나로서는 그것이 지성에 관한 것이라고 생각하지 않습니다. 이 이론은 결코 옛날과 같은 의미에서 지성을 찬미하지 않습니다. 또한 정신이 전혀 예측할 수 없는 방향으로 확장되거나 도전받고 풍요롭게 될 여지를 별로 허용하지 않습니다(또 그런 방향을 추구하는 것도 경제적 결과라는 가시적 기준을 들이대 전혀 이득 없는 일이라고 여깁니다).

이에 더해 우리는 탈근대적 관점이라고 불리는 이론도 알고 있습니다. 이 관점에 따르면, 어떤 한 가지 견해는 다른 모든 견해와 마찬가지로 옳을 수 있으며, 어떤 사람이 주장하는 진리는 (절대적 진리가 되기는커녕) 다른 사람들에게 공격적이거나 억압적인 것으로 여겨질 수 있습니다. 우리가 사는 시대는 십자가의 성 요한이 사용한 표현을 빌려 지성의 "어둔 밤"이라고 묘사할 만합니다. 우리는 안다는 것이 어떤 일인지 확실히 알지 못하며, 심지어는 우리가 알 수 있다는 사실이나 무엇을 알 수 있는지조차 알지 못합니다. 그런데 이런 형편은 우리 그리스도인의 자기이해에도 영향을 끼칩니다. 서구 세계에 사는 신자들은 큰소리로 교리적 확실성을 외치고 있지만, 사실은 심각할 정도로 확실성을 잃어버린 처지에 있습니다. 하나님께서 하시는 일을 밝혀내고 하나님의 말씀을 세상에 담대하게 전하는 능력에 대한 확신을 잃어버렸습니다. 우리는 이런 형편을 부정하기 위해 흔히 종족적이고 도덕적이며 요란스러운 신앙 형식들을 동원합니다. 그래서 그런 신앙 형식들은 담대함을 잃어버린 일반적 상황과는 다른 모습을 보여주고 또 명료성을 되찾고 의혹을 잠재우게 해준다고 주장합니다. 하지만 그 신앙 형식들로는 우리가 겪고 있는 엄청난 문화적 변화에 적절히 대응할 수 없으며, 오히려 그런 것들을 주장한다는 것 자체가 새로운 환경을 암시하는 불안한 징표가 됩니다.

우리는 나아갈 방향을 잃어버린 것 같습니다. 물론 교회는 여전히 예배하는 자리에서 늘 말해 왔던 것을 계속해서 말하고 있으며 또 신실한 자세로 성경을 읽습니다. 또한 이 일은 생각 이상으로 많은 그리스도인들의 마음과 정신 속에서도 계속 이어지고 있습니다. 어쨌든 이것은 매우 환영할 만할 일입니다. 하지만 공적 교회의 삶을 살펴보면, 참으로 많은 영역에서 담대함과 확신이 심각하게 상실된 것처럼 보입니다. 우리는 진정 하나님을 이해할 수 있을까요? 또 이전 세대가 확신 있게 누렸던 교리적 우주(doctrinal universe)를 온전하고 풍성한 양식 그대로 남김없이 사람들이 받아들일 것이라고 기대할 수 있을까요? 그러나 이 모든 일 가운데서도 특히 문제가 되는 것은 현대 세계에서 **이성**에 대한 신뢰가 사라졌다는 것입니다. 이 말은 합리적 절차에 대한 신뢰를 상실했다거나 토론과 진지한 상호 설득에 대한 인내심을 잃어버렸다는 점을 가리키는 것이 아니라, 상호 설득과 진지한 토론에 의해 우리의 정신을 넓혀서 더욱 풍성한 진리를 받아들일 수 있다는 생각 자체를 상실했다는 것을 뜻합니다. 교회의 안과 밖 어디서나 우리의 지성은 썩 좋은 형편에 있지 않아 보입니다. 게다가 우리는 문제가 존재하지 않는 것처럼 가장하는 데 매우 효과적인 방법들을 많이 고안해 냈습니다.

그러면 십자가의 성 요한은 우리에게 뭐라고 말할까요? 그는 16세기 스페인의 카르멜회 수녀들만을 대상으로 글을 쓴 것이 아닙니다. 그는 우리의 지성 앞에 놓인 '장벽'을 인식하고 이해력을 휘어잡은 혼돈과 상실을 깨닫는 데서부터 진정한 의미의 **신앙**이 자라난다고 말합니다. 신앙이란 우리의 모든 문제를 해결해 주는 포괄적이고 체계적인 해답이 아닙니다. 신앙은 아주 간단하게 '신뢰할 수 있는 관계'라는 형태를 지닙니다. 여러분으로서는 이해하지 못하고 알듯 모를 듯할 수도 있겠으

> 우리는 변하거나 떠나가지 않는 존재 곧 '타자'에 대해 확신하기를 배운다.

나, 어쨌든 변하거나 떠나가지 않는 존재 곧 '타자'에 대해 확신하기를 배웁니다. 표지판과 이정표가 뜯겨 사라진 때라도 거기에는 여러분을 홀로 내버려두지 않는 존재가 있음을 깨닫게 됩니다. 바로 이것이 성경적 의미에서 진정한 신앙이라고 말하고 싶습니다.

복음서에서 제자들이 요점을 파악하지 못해 예수께 "깨닫지 못하느냐?"라는 말을 들은 게 몇 번이나 되는지 헤아려 보시기 바랍니다. 제자들이 얼마나 자주 어리석은 질문을 던지는지, 발생하고 있는 일을 제대로 간파하지 못해 돌이켜 가려고 한 때가 얼마나 되는지 살펴보시기 바랍니다. 하지만 요한복음 6:68에서 베드로가 당당하게 말하듯이, 제자들은 "우리가 누구에게로 가겠습니까?"라고 말하기도 합니다. 제자들은 자기들을 부르신 그 존재가 신뢰할 수 있는 분이라는 사실과 또 자기들은 불안정하며 변덕스럽고 쉽게 배반하며 망각하고 달아나기 쉬운 데 반해 자기들이 랍비와 스승이라고 부르는 그 인물은 떠나가지 않으시는 분이라는 사실을 압니다.

지성의 상실, 곧 우리가 무엇을 알며 어떻게 아는지에 대해 명확하게 인식하지 못하는 형편은 다방면에서 우리가 누구인지 질문하는 법을 배워 가는 어려운 작업의 일부가 됩니다. 하지만 우리는 자유롭게 되어 그 모든 문제에 맞서며, 우리가 "버림받지" 않는다는 확신을 지니고 그 문제를 끌어안고 살아갑니다. 신뢰하는 관계로서의 신앙은 명제들의 체계로서의 신앙이나 진리를 지배할 수 있는 내 능력에 대한 신뢰로서의 신앙과는 다릅니다. 신뢰 관계로서의 신앙이란, 오히려 진리가 나를 지배할 수 있으며 또 내가 잡을 수는 없어도 사로잡히는 것이 가능하다고 여기는 확신입니다. 내가 아니라 신실하신 하나님께서 나와 살아 있는 진리의 관계를 이어 주고 지탱해 줄 때 그 관계는 신뢰할 만한 것이 됩니다. 하지만 그러기 위해서는 내 쪽에서 자신이 소유한 자원들에 대한 신뢰를 포기하는 것이 필요합니다.

그래서 우리 시대나 다가올 시대에 우리 그리스도인들이 선포하는 신앙은, 현명한 체계가 아니라 신뢰할 수 있는 관계를 세워 주는 것이 되어야 합니다. 우리가 할 일은 아주 단순하게, 내버려두지 않으시는 하나님과 떠나가지 않으시는 그리스도를 가리키는 것입니다. 또 우리 자신이 신뢰할 만한 사람이 되어야 합니다(이게 참 어려운 문제입니다). 다시 말해, 소외감을 느끼는 사람과 자신이 누구이며 어디에 있는지 모르는 사람들에게 다가가 신뢰할 수 있는 관계를 맺는 사람이 될 필요가 있습니다. 우리는 버림받은 사람과 고난당하는 사람, 변두리로 밀려난 사람들을 신실하게 대함으로써, 내버려두지 않으시는 분을 믿는다는 것이 어떤 것인지를 보여주기 시작합니다. 오늘날 교회가 안고 있는 가장 큰 도전 가운데 하나도, 사회와 온 세상 한가운데서 우리가 어떻게 이러한 신뢰성을 구체화해서 보여줄 수 있느냐의 문제입니다. 그러면 어떻게 해야 할까요? 세상에서 일반적으로 우리를 판단하는 모습이 다른 사람들에 대해 걱정하면서도 그들에게 "안 돼"라고 말하는 사람들이라는 점(이런 생각은 당연히 옳지 않으나 아주 널리 퍼져 있습니다)을 고려할 때, 우리가 당연하게 여기고 있는 교회의 성격이 바뀔 필요가 있습니다.

이제 한 가지 도전 앞에 섭니다. 어둔 밤이 지성을 휘감은 시대에 우리는 신앙을 신뢰할 수 있는 관계라는 면에서 새롭게 이해하는 길을 열어야 합니다. 우리는 하나님과 신뢰 관계를 회복하고, 나아가 그리스도의 제자로서 그런 관계를 세상에서 구체화하고 나누도록 부름받았습니다.

소망과 기억

어둔 밤과 장벽은 기억에도 동일한 영향을 끼칩니다. 우리 사회가 기억상실증에 걸렸다고 말하는 사람들이 있습니다. 6개월쯤마다 한 번씩 여러 신문에서 다음과 같은 질문을 다시 꺼내듭니다. '영국다움이란 무엇인가?', '영국적 가치들은 무엇인가?', '우리는 역사를 망각했는가?', '학교에서는 우리 유산에 관해 무엇을 가르치는가?' 지성에서 다루는 문제가 '진리란 무엇인가?'라면, 우리의 기억 앞에 놓인 문제는 '우리가 누구인지 잊었는가?'입니다. 오늘날 정체성의 위기는 개인뿐 아니라 사회 속에도 널리 퍼진 현상입니다. 영국인으로 산다는 것은 무엇을 의미합니까? 어디 그뿐이겠습니까? 서양인으로, 그리스도인으로, 현대인으로 산다는 것은 무엇을 뜻합니까? 또 무슬림으로, 유대인으로 산다는 것은 어떻습니까?

그에 못지않게 개인이 겪는 정체성 위기도 심각합니다. 그런데 개인의 정체성 위기는 오늘날 매우 특별한 형태를 띠며, '나는 이전의 나와 동일한 사람인가?'라는 물음과 함께 구체적으로 **연속성의 위기**로 모습을 드러냅니다. 평범한 사람이 평생 동안 직업을 유지할 가능성도 줄어들고 또 안타깝게도 평생 동안 안정된 관계를 누릴 개연성조차도 점차 낮아지고 있는 문화 속에서, 정신과 마음을 뒤흔드는 다양하고 난감한 경험들을 하나로 묶어 줄 만한 것이 있을까요? 경력 단절과 관계 파괴가 일상의 일로 자리 잡은 것처럼 보입니다. 나는 누구이며 우리는 누구인가라는 물음에 답을 줄 수 있는 하나의 이야기가 있을까요?

지성의 경우처럼 기억에서도 똑같은 일이 벌어집니다. 교회와 사회 및 개인들에게서까지 부인 전략(strategies of denial)이 동원되는 것을 봅니다. 만족스러운 이야기를 꾸며내고 상상으로 과거를 다시 지어내기도 합니다. 전통(좋은 것입니다)을 의지하기보다는 인위적 전통주의(좋은 것이 아닙니다)로 도피하기도 합니다. 또 연속성을 조작하고 그런 것이 없으면서도 있는 척할 수 있습니다. 한마디로 말해, 기억의 어둔 밤을 맞고 있습니다.

이 모든 일에 대해 십자가의 성 요한이라면 뭐라고 말할까요? 살아 솟구치는 소망은 우리에게 미래가 있다는 확신을 주며, 더 나아가 과거와 현재가 그런 것처럼 미래도 동일한 진리와 살아 있는 실재에 이어지는 연속성을 지닌다는 확신을 심어 줍니다. 믿음과 마찬가지로 소망도 **관계 속의** 소망입니다. 우리를 떠나가거나 포기하지 않는 존재와의 관계, 우리가 누구였으며 지금 누구인지 알고 이해하며 그대로 붙잡아 주는 실재와의 관계 안에서 누리는 소망입니다. 여러분이 정체성을 지니는 까닭은 여러분 스스로 정체성을 고안해 내거나 또는 불변하고 견고한 자아를 중심에 가지고 있기 때문이 아니라, 여러분이 누구인지를 말해 주는 증인이 있기 때문입니다. 여러분이 파악하거나 볼 수 없는 것들, 곧 하나로 엮어 설득력 있는 이야기로 다듬을 수 없는 자아의 단편들이 모두 사랑의 단일한 눈길 안에 포착됩니다. 여러분이 나서서 자신이 누구이며 또 누구였는지의 문제와 씨름하거나 확정지으려고 애쓸 필요가 없습니다. 여러분의 역사나 이야기에 담긴 온전한 진리를 확인하고자 직접 나서서 수고할 필요가 없습니다. 결코 떠나가지 않으시는 분의 눈으로 보면, 과거나 현재나 여러분의 모든 것이 여전히 그대로 있으며 참된 것입니다. 이렇게 통합하는 눈길 안에서 그 모든 것이 하나가 됩니다. 겉보기에 서로 단절되고 이질적인 단편들이 신성한 관찰자 곧 거룩하신 증인의 손길 안에서 돌연 하나로 통합되어 모습을 드러내는 것을 상상해 보시기 바랍니다.

이게 참 추상적으로 느껴지는데, 좀 더 생생하고 인격적으로 이해하는 길을 디트리히 본회퍼(Dietrich Bonhoeffer)의 『옥중서신』에 실린 탁월한 시에서 찾아봅니다. 위대한 독일 신학자요 순교자인 본회퍼는 아돌프 히틀러 암살 음모에 가담한 일로 옥에 갇혔을 때 그 시를 썼습니다. 그는 이렇게 노래합니다. "나는 누구인가? 남들은 종종 내게 말하기를, 감방에서 나오는 나의 모습이 어찌나 침착하고 쾌활하고 확고한지 마치 성에서 나오는 영주 같다는데"(본회퍼는 상당히 귀족적인 배경과 태도를 지닌 사람입니다). 하지만 이 시는 **남들이 보는 모습**—확신에 차고 어른스럽고 이성적이며, 늘 기도하고 신실하고 용기 있는 사람—과 본회퍼 자신이 **스스로 아는** 내면의 실상—나약함과 패배감, 내면의 탄식과 두려움으로 버둥거리는 사람—사이에 커다란 차이가 있음을 보여줍니다. "그러면 어떤 것이 나인가?"라고 본회퍼는 묻습니다. 남들이 말하는 내가 참 나인가, 나 스스로 아는 내가 참 나인가? 그런데 그의 대답이 놀랍고 솔직합니다. 나로서는 알 수 없다. 하나님께서 답하셔야 한다. 내가 진정 용기 있는지 겁쟁이인지, 자신감이 넘치는지 두려움에 떠는지, 아니면 둘 다인지 내가 판단할 일이 아닙니다. 내가 누구인지는 하나님 손안에 놓여 있다고 말합니다. 그런데 본회퍼의 이 고백이 바로 십자가의 성 요한이 말하고자 했던 소망을 담고 있다는 생각이 듭니다. 소망은 내가 보거나 아는 것만이 나라고 여기는 억측을 훌쩍 뛰어넘게 해줍니다. 소망은 하나님께서 보시기에 우리가 좋든 나쁘든 자신이 아는 모습 이상이라는 사실을 말해 줍니다. 소망은 "보이지 않는 것"(멋진 성경구절입니다)을 바라보고, 사람의 마음속까지 아시는 까닭에 사람의 행동에 대해 어느 누구의 증언도 필요로 하지 않는 분(요 2:25)을 바라보라고 말합니다.

> 소망은 하나님께서 보시기에 우리가 자신이 아는 모습 이상이라는 사실을 말해 준다.

그래서 소망은 단지 **미래**에 대한 확신으로 끝나지 않습니다. 소망이란 과거와 현재와 미래가 하나의 관계 속에서 연결되고, 그 결과 하늘에 계신 증인 곧 우리를 버리지 않으시는 그 증인으로 말미암아 기억의 혼란—우리는 누구였고 나는 누구였나? 지금 우리는 누구이며 나는 누구인가?—이 견딜 만하게 된다는 확신입니다. 이 사실에서 교회에게는 엄청난 인내라는 특성이 필요하다는 점을 알 수 있습니다. 혼돈과 불확실성에 휩쓸려 있는 현실 인간에 대한 인내, 많은 것들이 불확실하고 사라질 위기에 처해 있는 환경 속에서의 인내, 우리 각 사람이 그리스도 안에서 자라가는 데는 시간이 걸린다는 점을 인정하는 인내 말입니다. 그런데 우리가 자라는 데 시간이 걸린다면, 그리스도의 몸인 공동체가 온전히 자라는 데도 시간이 걸립니다. 소망과 인내는 하나로 엮여 있습니다. 인내를 배운 교회만이 효과적으로 소망을 선포할 수 있습니다.

사랑과 의지

그러면 우리가 원하는 것은 어떤가요? '의지'에 대해서는 뭐라고 말할 수 있을까요? 우리 문화에서는 '선택'이라는 말을 참 많이 사용합니다. 안타깝게도 우리에게 그 말이 의미하는 것은 '슈퍼마켓 진열대' 앞의 선택이라고 부를 만한 것과 별반 다르지 않습니다. 진열대에 많은 **물건들이** 쌓여 있고, 나는 원하는 것을 마음대로 고를 수 있습니다. 그러나 이렇게 행동하는 것은 우리의 의지와 선택을 일련의 단절되고 파편화된 선택 행위로 다루는 것이며, 내가 원하는 것을 피상적으로 표현하는 것입니다. 나는 그 물건을 가질 수도 있고 가지지 않을 수도 있지만, 그것은 별로 중요하지 않습니다. 중요한 것은 지금 여기서 내가 "자유롭게" 선택을 행사할 수 있다는 사실입니다.

이런 식으로 자유를 논하다 보면, 어디쯤에선가 우리는 진정으로 우리를 우리 되게 해주는 깊은 열망에 대한 인식을 상실하게 됩니다. 우리의 삶에는 목표를 향해 이끌어 가는 흐름이 있다는 인식에서 단절됩니다. 이상하게도 우리 사회에서는 에로스(eros)의 실체를 대수롭지 않게 여깁니다. 오늘날 에로스가 성적 이미지 형태로 거의 모든 곳에 퍼져 있는 것에 비추어 볼 때 이런 현상은 기이하게 보입니다. 하지만 이런 에로스는 나로 하여금 나 자신이 되게 해주는 깊은 열망, 나 자신 밖에서 의미를 제공해 주는 어떤 대상—내가 사랑하는 다른 사람이나 하나님—을 향해 내 삶 전체를 이끌어 가는 깊은 열망이라는 의미의 에로스와는 다른 것입니다. 우리 사회에서는 이런 수준에서 의미와 수용을 추구하는 깊은 갈망을 찾아보기가 참 어렵습니다.

우리는 소비자 심리("나는 그 물건을 사겠어")에 최고 권위를 부여하며, 그 결과 우리 존재의 바탕에 있는 열망의 방향에 대해 진지한 물음을 던지는 데 실패합니다. 또 사회 속에서 소비자의 선택 기회를 늘리는 전략들을 찾아냄으로써 이 열망의 방향을 처리하려고 애쓰며, 그렇게 해서 "무엇을 위해서?"라는 곤란하고도 최종적인 물음을 덮어 버립니다. 이에 더해 개인의 수준에서는 우리의 공격성과 자기주장을 강하게 치켜세우는 전략이 힘을 발휘하고 있습니다. 우리는 "목적이 이끄는"이라는 말을 즐겨 사용하는데, 안타깝게도 그 속뜻은 "좀 더 공격적인 주장을 펼 수 있게 되었다"는 것일 때가 흔합니다. 성공한 사람들의 비결을 다루는 책이 많이 팔리는데, 그런 책들은 대부분 다른 사람을 넘어지게 하는 술책을 다룬 것입니다. 가장 소중한 자유는 우리 자신이 될 자유이며 자라갈 자유라는 관념을 점차 상실하게 됩니다. 다시 말해, 매 순간 우리가 원하는 것을 주장한다는 의미에서 "우리 자신이 되는" 자유가 아니라, 우리의 삶 깊은 곳에 흐르는 변화의 물결을 느리지만 끈기 있게 찾아내고 하나님께서 원하시는 모습대로 자라가는 삶의 자리를 발견하는 자유를 잃어버리게 됩니다. 원하고 선택하는 일은 이러한 틀 안에서 이루어지는 것이지 진공 속에서 행하는 일이 아닙니다.

    십자가의 성 요한이라면 이렇게 말하지 않았을까 싶습니다. 우리가 만일 문제들에 맞서고, 의지와 자유와 선택을 에워싼 "어둔 밤"에 맞대응하며, 또 이런 실체들을 우리 자신과 문화가 얼마나 하찮게 여기는지 꿰뚫어 볼 수만 있다면, 사랑으로 자라갈 준비를 갖추게 된 것이라고 말입니다. 사랑, 그것은 받아들이는 자유를 가리키는 말입니다. 사랑, 그것은 우리로 하여금 시간을 내서 염려를 내어 쫓도록 힘을 줍니다. 사랑, 그것은 우리를 풍요롭게 하고, "헌신하여" 살아 움직이게 하며, 생기로 충만하게 합니다. 사랑은 사람들이 흔히 그리는 모습처럼 수동적인 것이 아니라, 기쁨을 향해 열린 상태를 가리킵니다. 사랑은 **선을 행하는** 데서 끝나는 것이 아니라 깊은 관상을 통해 세상과 인류 전체, 구체적인 한 인간, 하나님을 존중하는 일입니다.

> 사랑은 우리를 풍요롭게 하고, 헌신하여 살아 움직이게 하며, 생기로 충만하게 한다.

바울은 고린도전서 13장에서 사랑에 관해 논하면서, 사랑은 "선을 행하는" 것만으로는 충분하지 않다고 분명하게 밝힙니다. 사랑은 다른 사람을 기뻐하고, 다른 사람의 실패를 즐거워하지 않으며, 생명과 기쁨을 낳는 진리를 기꺼이 받아들입니다. 사랑은 사랑받음으로써 태어납니다. 요한일서에서 말하듯이, 우리가 하나님을 사랑한 것이 아니라 하나님이 우리를 사랑하신 것입니다(요일 4:10).

이번 장에서 다룬 모든 주제가 하나로 합쳐지는 곳이 사랑입니다. 우리를 떠나가지 않으시는 신뢰할 만한 존재, 우리의 과거와 현재 모습을 있는 그대로 기억하시고 한결같은 눈길로 응시하시는 존재, 우리가 누구인지를 영원토록 흔들림 없이 증언하시는 분, 그 존재가 바로 **사랑**입니다. 그분은 우리를 헤아리고 이해하고 붙잡으며, 무엇보다도 우리를 환영합니다. 우리는 영원한 기쁨의 대상이 됩니다. 그런데 그 사랑이 우리의 마음과 정신 속에 깊이 뿌리내리게 되면, 교회의 근본적 실체가 무엇이고 교회가 구현해야 할 모습이 어떤 것인지가 분명히 드러나게 됩니다. 그때 교회는 시공간 속에 자리 잡아 사람들로 하여금 영원한 사랑을 경험하게 해주는 자리가 되고, 그 어떤 것도 문밖으로 내침받지 않는 곳이 되며, 또 시종일관 많은 일을 **요구하는** 세상, 곧 주고 거래하고 베풀며 그 자리에서 변화를 이루라고 요구하는 세상 속에서 사람들이 자유롭게 **받아들이는** 자리가 됩니다. 교회가 과연 사람들에게 기쁨을 향해 자신을 개방하는 법을 가르치는 자리가 되고 있을까요? 우리 자신을 내려놓고, 염려 가득한 이기심과 끊임없는 선택에 대한 집착을 놓아 버림으로써만 얻을 수 있는 기쁨 말입니다.

신뢰와 인내심으로 품어 주는 자리가 되는 것이 교회에게 큰 도전이듯이, 사람들이 마음을 열 수 있을 만큼 평온한 자리가 되고 우주의 궁극적 진리가 그들에게 베푸는 것을 받아들이는 법을 배울 수 있을 만큼 안온하고 염려 없는 자리가 되는 것도 역시 교회에게 맡겨진 커다란 도전입니다.

이제 우리 시대를 휘어감은 수많은 염려와 집착 한가운데서 믿음과 소망과 사랑이라는 '신학적 덕목'을 새롭게 발견하는 길을 말쏨드립니다. 우리를 온전히 세워 주는 관계, 곧 절대적 존재이며 증인이신 분과의 관계, 하나님께서 베푸시는 죄용서와 긍정으로 이루어지는 관계를 회복함으로써 우리는 그 세 가지 덕목을 새롭게 발견하게 됩니다. 간단히 말해, 복음서의 하나님, 예수의 하나님, 예수이신 하나님과의 관계 속에서 그 덕목들을 발견합니다. 신약성경에서도 가르치듯이, 하나님의 복음은 영원하신 존재, 곧 우리의 현재 모습과 장차 변화될 모습에 온 힘과 지성을 쏟아 일하시는 분에 관한 기쁜 소식입니다. 그분은 우리가 이루어야 할 모습을 향해 성장해 가는 데 큰 관심을 쏟으시며, 또 각 사람이 지닌 특성에 맞춰 인내하시거나 아무것도 요구하지 않으시거나 아니면 엄청나게 요구하시면서 모든 사람에게 큰 관심을 기울입니다. 하나님은 우리에게 생명과 평화를 주시며, 우리로 우리 자신과 그분 앞에 현존하게 하십니다. T. S. 엘리엇의 말을 빌리면, 이것은 우리의 '모든 것'으로 값을 치러야 하지만 어떤 의미에서는 아무런 값도 요구하지 않는 선물입니다. 선물이란 원래 그런 것이기 때문입니다.

    우리가 제자로서 이 사실을 선포하고 보여줄 수 있을까요? 예, 할 수 있습니다. 물론 우리가 행한 그릇된 일들과 악한 마음으로 믿음·소망·사랑을 거부했던 행위들을 인정하고, 나아가 우리 사회가 그릇되게 행하였던 일들, 곧 사람들을 억누르고 그들의 지성과 기억과 의지를 하찮은 것으로 억압했던 일들을 인정할 수 있을 때에야 비로소 할 수 있습니다. 그렇습니다. 우리가 만일 우리를 지으시고 구속하신 분의 능력이 이제 온전한 생명을 이루기 위해 일하신다는 사실을 깨닫고 담대하게 흔들림 없이 살아간다면 얼마든지 할 수 있습니다.

믿음과 소망과 사랑. 사도 바울은 이 세 가지가 제자도 곧 그리스도 안에서 배우고 자라가는 삶의 핵심이 된다고 말합니다. 그 중에서 가장 큰 것은 사랑입니다. 우리가 영원하고 변함없는 사랑의 빛과 영광 안에 들어 그 본질을 깨닫기만 하면, 나머지 것들은 저절로 제자리에 놓이기 때문입니다.

> 믿음·소망·사랑, 이 세 가지가 제자도 곧 그리스도 안에서 배우고 자라가는 삶의 핵심이다.

3
용서

구하여라, 그리하면 하나님께서 너희에게 주실 것이다. 찾아라, 그리하면 너희가 찾을 것이다. 문을 두드려라, 그리하면 하나님께서 너희에게 열어 주실 것이다. 구하는 사람마다 얻을 것이요, 찾는 사람마다 찾을 것이요, 문을 두드리는 사람에게 열어 주실 것이다. 너희 가운데서 아들이 빵을 달라고 하는데 돌을 줄 사람이 어디에 있으며, 생선을 달라고 하는데 뱀을 줄 사람이 어디에 있겠느냐?

| 마태복음 7:7-10

마태복음에 보면, 자식이 빵을 달라고 하는데 돌을 줄 부모는 없다고 예수께서 말씀하십니다. 만약 우리가 빵을 요구한다고 할 때, 돌아온 답이 만족스러워 고개를 끄덕이게 되는 경우는 우리가 요구한 것이 수용되었음을 알 때, 다시 말해 양식을 먹어 배부름을 느낄 때입니다. 우리에게 꼭 필요한 양식 가운데 하나는 믿음 안에서 하나 된 형제자매들이 우리가 처한 곤경을, 다른 사람들이 상상하는 대로가 아니라 있는 그대로 이해하고 들어 준다는 사실을 아는 일입니다. 그리스도인들이 서로 나누는 양식에는 물적 자원뿐만 아니라 존엄성을 인정해 주는 일까지 포함됩니다. 난해하고도 영감이 넘치는 시인인 R. S. 토머스(R. S. Thomas)는 1963년에 시 모음집을 출간했는데 그 제목이 『진리의 양식』(The Bread of Truth)입니다. 따라서 상대방의 인간적 존엄성을 존중해 주는 것은 하나님께서 인정하시는 인간됨이라는 진리를 공유하는 것이며, 진리가 베푸는 양식을 함께 나누는 일입니다. 우리는 상대방이 지닌 하나님의 형상이라는 진리를 존중해 주어 서로 양식을 먹여 줍니다.

용서의 양식

이 모든 사실을 염두에 두고서 "오늘 우리에게 필요한 양식을 내려 주시고"(마 6:11, "오늘 우리에게 일용할 양식을 주시옵고", 개역개정)라는 구절로 기도할 때, 우리의 기도는 하나님께서 우리에게 온전하고 충만한 인간성을 깨닫는 힘을 주시기를 구하는 기도로 바뀌게 됩니다. 또 우리가 하나님 안에서 다른 사람과 맺는 관계를 통해 우리의 인간성을 지키며 우리의 유한성과 곤경을 깨달을 뿐만 아니라 우리가 사랑받고 있다는 확신에 이르게 되기를 기도하게 됩니다. 이 기도는 우리가 처한 곤경을 분명하게 바라보게 합니다. 그래서 기도할 때, '양식을 공급받아야 하는 우리 처지를 잊지 말게 하시고, 우리가 살고 번성하는 데 필요한 것을 우리 힘으로는 충족할 수 없음을 잊지 말게 하소서'라고 구합니다. 그와 동시에, 우리는 죽을 수밖에 없는 존재요 육체에 매이고 상처받기 쉬운 존재라는 사실을 부끄럽게 여기지 않겠다고 기도하게 됩니다. 우리는 곤경에서 시작합니다. 그 외에 어디서 시작할 수 있겠습니까? 하지만 거기서 시작함으로써 우리는 우리가 왜 중요하며 또 얼마나 중요하고 가치 있는 존재인지 알아가게 됩니다. 이 기도는 자족한 처지에서 시작할 수 있노라고 착각하는 모든 사람에게 비판적 물음을 던집니다. 또 이처럼 '진리의 양식'이 필요하고 물질적이거나 영적인 양육이 필요한 형편이 결코 실패가 아니라 오히려 존엄성을 확인하는 자리가 된다는 사실을 확증해 줍니다. 이 기도는 자기들에게는 필요한 것이 전혀 없다고 여기는 오만한 사람들에게 이의를 제기하며, 또 가난한 사람들이야말로 우리가 찾아 누려야 할 보물, 곧 우리를 서로 관계 맺게 해주는 인간성을 지니고 있다는 사실을 확증해 줍니다.

"오늘 우리에게 필요한 양식을 내려 주시고"라는 구절로 기도하면서 구하는 은총 가운데 하나가 우리의 인간성을 선물로 받는 일입니다. 우리의 존엄성에 눈뜨게 해주며, 또 그 존엄성이 원래 우리가 지음받을 때 허락된 것이라도 언제나 다른 사람이 베푸는 선물과 관계에 의해 활성화될 필요가 있다는 사실을 깨닫게 해주는 사람과 사물들에 마음을 열고 감사할 수 있기를 기도합니다. 또 우리가 이웃에게 빚지고 있는 선물이 무엇인지 잊지 않기 위해서도 기도합니다. 우리의 인간됨이 이웃의 인간성에 의존하듯이, 그들의 인간성 역시 우리의 인간됨에 의존합니다.

주님의 기도에 대해 논평한 많은 사람들 중 특히 니사의 그

레고리우스(Gregory of Nyssa) 같은 사람은, 일용할 양식을 위해 기도하면서도 다른 한편으로는 양식을 손에 넣고자 다른 사람을 희생시키는 태도의 부조리함을 강조합니다. 지금까지 간략하게 제시한 틀에서 보면, 이런 태도는 내 존엄성을 사랑으로 받아들이기보다는 존엄성을 **방어**하려는 욕심에서 생겨납니다. 우리의 일용할 양식을 위해 기도한다는 것은 우리의 연약함을 인정하고 팔을 활짝 벌려 하나님과 다른 사람에게 다가서는 법을 배우게 되기를 기도하는 것입니다. 그래서 진실하게 이 기도문으로 기도하기 위해서는, 팔을 벌려야 할 때 오히려 자신을 방어하고자 우리가 동원하는 여러 가지 방법에 대해 살펴보아야 합니다. 우리는 안전이나 번영에 집착할 때도 그렇지만 자신의 정당성이나 의로움에 매달릴 때도 온전하고 자유롭게 일용한 양식을 위해 기도할 수 없습니다. 그런데 이 사실은 주님의 기도가 왜 곧바로 **용서**를 구하는 기도—더 자세히 말해 우리가 용서할 수 있듯이 용서받기를 구하는 기도—로 이어지는지를 설명해 줍니다.

 용서를 구하는 사람은 의롭거나 안전하게 되는 권리를 포기한 사람입니다. 그는 자신이 치유받을 필요가 있으며 수용과 관계 회복이라는 양식을 필요로 한다는 사실을 인정합니다. 하지만 용서를 베푸는 사람도 역시 억울한 희생자라는 처지를 앞세워 확보한 안전을 포기한 사람입니다. 그는 고통이 따른다는 것을 알면서도 다시 관계를 맺는 모험에 나서기로 결심합니다. 용서하는 사람과 받는 사람이 모두 안전지대 밖으로 밀려납니다. 그들은 자기네 인간성을 선물로 받는 방법에 대해 묻기 시작한 것입니다.

용서는 우리가 서로 다른 사람의 인간성을 키워 주는 가장 근원적 방법 가운데 하나입니다. 사람들이 모욕을 당하고 해를 입을 때 통상적으로 대응하는 방식은 뒤로 물러나서 자아 둘레에 벽을 견고하게 쌓는 것입니다. 물론

> 용서는 우리가 서로 다른 사람의 인간성을 키워 주는 가장 근원적 방법 가운데 하나다.

이런 행동은 자신의 인간성을 선물로 인정하는 것이 아니라 자기 소유로 주장하는 것입니다. 용서하지 않는 사람과 용서받지 못하는 사람은 다른 사람을 하나님께서 그들에게 인간성을 부여하시는 일에 함께하는 사람으로 인정하지 못합니다. 용서하고 용서받는 일은, 전혀 하나님의 선물로 생각하고 싶지 않은 사람들을 통해서 여러분이 인간화될 수 있음을 인정하는 것입니다. 그리고 이 과정은 일용할 양식을 구하는 기도와 아주 밀접한 관계가 있습니다. 용서할 수 없다고 말하는 것은 어떤 사람이 내게 해를 끼치거나 손 내밀기를 거절했다는 이유를 들어 그가 내게 전혀 필요 없는 사람이라고 말하는 것과 같습니다.

기꺼이 용서하려는 마음은 분명 하나님께서 다듬으신 인간

성을 나타내는 표지입니다. 그래서 정체성과 안전에 관한 염려에서 해방되어 하나님께서 예수 그리스도 안에서 행하셨듯이 넓은 마음으로 다른 사람들에게 손을 내밉니다. 기꺼이 **용서를 받아들이는** 마음 역시 하나님께서 다듬으신 인간성을 나타내는 표지라고 할 수 있습니다. 이런 마음은 관계 회복이 이루어지지 않으면 나 역시 성장하거나 형통할 수 없다는 사실을 기꺼이 인정하는 태도입니다. 비록 그런 관계 회복이 내가 눈감아 버리고자 했던 일을 받아들이고 죄를 용납하는 것을 뜻한다 해도 그렇게 행합니다. 내게 해코지당한 사람에게서 용서받을 때, 나는 내가 관계를 깨뜨렸다는 사실과 또 변화가 가능하다는 사실 모두를 인정합니다. 그런데 주님의 기도가 가르치는 논리가 옳다면, 이렇게 인정하는 행위는 용서에 수반되는 변화를 일으키는 우리의 자유에서 생겨나고 또 그 자유에 의해 강화됩니다.

 용서는 서로 간에 생명의 양식과 진리의 양식을 주고받는 일입니다. 용서는 상대방의 인간성에 해를 끼치고 그 존엄성을 부정했던 사람들이 이제 서로 양식을 먹여 주고 상대방의 존엄성을 키워 주는 관계로 회복되게 해주는 길입니다. 용서를 다른 사람에게 행사하는 권력인 양 생각하는 것—안전하지 못한 사람에게 후견인이나 은인이 되어 주는 일로 여기는 것—은 용서를 심각하게 왜곡한 것입니다. 오히려 우리는 호세아의 예언에서 하나님의 자비를 언급하는 놀라운 말을 기억할 필요가 있습니다. "에브라임아, 내가 어찌 너를 버리겠느냐?……나는 하나님이요, 사람이 아니다"(호 11:8-9). 용서한다는 것은 이러한 하나님의 **무기력함**에 참여하는 행위입니다. 하나님에게는 자신의 본성을 어기는 일이 있을 수 없으며, 그래서 하나님의 처지에서 용서하지 않는 일은 신적 생명 자체에 손상을 일으키게 됩니다. 하나님께서 용서의 행위를 통해 우리에게 보여주시는 것은 당신의 권능이 아니라 사랑의 본성에 속하는 무력함입니다. 그리스도 안에 뿌리내린 제자들은 그런 무력함을 함께 나누며, 그 뿌리가 깊어질수록 용서하지 않을 가능성도 줄어들게 됩니다.

> 용서한다는 것은 자신의 본성을 어기는 일이 있을 수 없는 하나님의 무기력함에 참여하는 행위다.

그와 동시에, **용서받는** 일 역시 무기력함의 한 유형입니다. 다시 말해, 용서의 말 없이 나는 살 수 없으며 또 내가 해친 사람의 치유 없이 나 자신이 되는 사명도 완수할 수 없다는 사실을 인정하는 것입니다. 용서하는 사람이든 용서받는 사람이든, 과거를 뚝 떼어 버리고 홀로 미래를 맞아들일 힘을 소유할 수는 없습니다. 양쪽 사람 모두 수많은 어둠과 상처로 얼룩진 자신의 과거가 이제 치유될 필요가 있으며, 그럴 때에야 서로 함께하며 상대방의 도움을 힘입어 좀 더 온전한 삶을 살 수 있다는 사실을 깨닫습니다.

내일의 양식

적어도 히에로니무스(St Jerome) 시대 이후로, 학자들은 복음서에서 '일용할 양식'을 가리키는 데 사용한 기이한 그리스 단어 '에피우시오스'(epiousios)를 놓고 고심해 왔습니다. 이 말의 정확한 의미는 확정짓기가 어렵습니다. 히에로니무스는 엄밀한 직역 원칙을 따라 그 말을 '물질을 넘어서는'(supersubstantial)이라고 옮겼습니다. 이 번역어는 별로 도움이 되지 않으며 전례에 사용되는 라틴어에서조차 살아남지 못한 말이지만, 많은 사람들의 상상력을 자극해 다양한 사변을 펼치게 했습니다. 이 말은 그저 '우리가 연명하는 음식'을 뜻하는 것으로 보입니다. 하지만 히에로니무스는 고대 아람어 판을 따라 이 기도 구절을 "오늘 우리에게 내일의 양식을 주소서"라고 옮겼습니다. 만약 이것이 예수께서 뜻하신 것이 맞다면, 예수께서는 우리에게 지금 여기서 다가오는 하나님 나라의 선물을 받기 위해 기도하라고 말씀하신 것입니다. 그렇다면, 지금까지 말해 온 모든 것이 새로운 빛 안에 놓이게 됩니다. 우리는 결핍 곧 굶주림이 단순히 음식에 대한 굶주림이 아니라 하나님의 미래에 대한 갈망이라는 점을 분명히 알 필요가 있습니다. 우리가 필요로 하는 것은 새로운 창조, 곧 하늘에서 내려와 세상에 생명을 주는 양식입니다.

이 사실에서 일용할 양식을 구하는 기도와 용서를 구하는 기도가 아주 밀접하게 연결되어 있음을 알 수 있습니다. 상호 화해는 성령 활동의 표지로서 예수 그리스도의 몸을 통해서 열린 급진적이며 새로운 가능성입니다. 이 자체는 하나님의 미래가 지금 일어나고 있다는 징표이며, '내일의 양식'을 보여주는 사례입니다. 좀 더 자세히 말해, 성찬례 안에서 깨닫는 바와 같이, 우리가 서로 필요하다는 사실을 드러내고 인간의 존엄성을 서로 인정하는 일은 하나님의 미래를 우리 인간의 경험 속에서 미리 맛보는 사건입니다. 이러한 사건이 일어나는 곳에서는, 그리스도와 그분의 영이라는 맥락에서 어떻게 이름을 붙이든 '내일의 양식'이라는 성사적 현실이 펼쳐집니다. 북아일랜드에서 화해를 이루었던 실제 사건을 소재 삼아 제작된 영국 텔레비전 드라마의 제목을 빌려 '천국에서의 5분'이라고 이름 붙일 수도 있을 것입니다. 만약 다른 사람의 존엄성을 높여 주기 위해 내 자원을 나눠 주는 일에서 가장 힘든 것이 용서이고 또 다른 사람을 섬기는 여러 가지 방식에서 가장 자연스럽지 못하고 반문화적인 형태가 용서라면, 용서를 미래에서 오는 선물 곧 하나님께서 우리에게 심어 놓으신 목적을 향해 앞으로 나아갈 때 허락되는 선물로 보는 것은 매우 타당합니다.

따라서 "오늘 우리에게 필요한 양식을 내려 주시고"라는 구절은 내일 일을 **염려**하지 말라는 뜻도 당연히 담고 있지만, 무엇보다도 지금 이 순간을 넘어서고 눈앞의 문제를 해결하는 일에서 벗어나 위를 바라보라고 가르치는 기도입니다. 이 기도는 오늘을 평화와 희망 가운데 살기 위해 하나님의 미래를 미리 맛보기를 구하는 것이요, 사도 바울의 말로 하면 하나님의 미래에 대한 "보증"(고후 5:5, 참조. 엡 1:14, 바울은 성령이 이 보증이라고 말합니다)을 구하는 것입니다. 주님의 기도에 들어 있는 모든 청원은 암묵적으로 성령의 오심을 구하는 기도라고들 말해 왔는데(초기 시대의 일부 교부들은 "그 나라를 오게 하여 주시며"가 변형된 형태인 "성령이여, 오소서"라는 구절을 사용했습니다) 이 구절도 예외일 수 없습니다. 성령을 구하는 기도는, 우리가 친교를 나누며 서로 손을 맞잡을 때 하나님께서 은총을 베풀어 우리 인간됨을 채워 주시기를 구하는 기도입니다. 물론 이렇게 기도할 때 우리는 다른 사람에게 지닌 이미지로 만족하지 않고 그 사람의 실체를 향해 다가가려고 애쓸 필요가 있습니다. 서로 다른 사람을 위한 양식이 된다는 것은 나 자신과 다른 사람이 지닌 견고한 우상을 깨뜨리는 것을 뜻합니다.

그런데 이렇게 양식과 용서와 미래라는 개념들을 논하다 보면 마침내 그리스도인들이 이 개념들을 자기실존의 중심 표지로 인정하고 구체화하는 행위, 곧 주님의 만찬인 성찬례에 생각이 이르게 됩니다. 우리는 그리스도께서 오시는 날까지 이 만찬을 나누면서, 새 시대의 성령께서 이 세상의 현실을 그리스도께서 우리에게 베푸시는 온전한 선물로 변화시켜 주시기를 기도하며, 또 온 세상에게 주신 약속을 새롭게 하시어 그것을 선물로 인정하고 받아들이게 하시기를 기도합니다. 바로 이것이 진정한 의미에서 내일의 양식입니다. 하지만 내일의 양식은 하늘에서 떨어지는 물건이 아니라 그리스도의 제자들이 적극적으로 함께 나누는 양식을 가리킵니다. 그리고 그 양식을 먹을 때 우리는 장차 이를 세상에서 누릴 친교를 미리 맛보며 동시에 예수께서 배반당해 죽으신 일을 기념합니다. 다시 말해, 그것은 용서의 성사입니다. 부활하신 예수께서 신실하지 못했던 제자들에게 돌아와 그들 안에 새로운 세계에서 누리는 친교를 다시 회복해 주셨기 때문입니다. 성찬례는 주님의 기도가 온전히 응답될 때 어떤 의미를 지니게 되는지 가리켜 보이는 상징입니다. 하나님께서는 예수의 죽음과 부활을 통해 당신의 백성을 먹이시며, 그 결과로 용서가 가득한 성령의 새 공동체가 세워집니다.

4

거룩함

주님은 영이십니다. 주님의 영이 계신 곳에는 자유가 있습니다. 우리는 모두 너울을 벗어 버리고, 주님의 영광을 바라봅니다. 이렇게 해서, 우리는 주님과 같은 모습으로 변화하여, 점점 더 큰 영광에 이르게 됩니다. 이것은 영이신 주님께서 하시는 일입니다.……"어둠 속에 빛이 비쳐라" 하고 말씀하신 하나님께서, 우리의 마음 속을 비추셔서, 예수 그리스도의 얼굴에 나타난 하나님의 영광을 아는 지식의 빛을 우리에게 주셨습니다. | 고린도후서 3:17-18, 4:6

성경사전에서 '거룩한'이라는 항목을 찾아서 구약성경에 한정하여 살펴보면 거룩하다는 말은 구별된다는 것을 뜻하며, 상당히 위험한 땅에 발을 들여놓는 일과 밀접한 관계가 있다는 느낌을 강하게 받습니다. 불타는 덤불 곁에서 하나님을 만났던 모세에게 하나님께서 "네가 서 있는 곳은 거룩한 땅이니, 너는 신을 벗어라"고 말씀하셨던 것을 생각해 보십시오. 또 이스라엘 백성은 시내산에 도착했을 때 그곳이 거룩하고 극히 위험하기 때문에 너무 가까이 다가가면 안 된다는 말을 들었습니다. 이것은 만화에 등장하는 작은 인물의 몸에 번갯불이 관통하는 생생한 그림에 "사망 위험"이라는 경고문을 덧붙인 송전탑 경고판과 비슷해 보입니다. 이것이 구약성경에서 거룩함이 가리키는 일반적 의미이며, 이 사실에서 우리는 거룩한 장소나 거룩한 사람에 관해 언급할 때 흔히 질겁하는 반응이 나타나는 이유를 알 수 있습니다.

   신약성경으로 넘어오면, 언뜻 보기에도 약간 차이가 있습니다. 첫째, 사도 바울은 자기가 쓴 편지들의 서두에서 수신자를 가리켜 "거룩한" 사람들이라고 부릅니다. 즉 "성도들", "고린도에 있는 거룩한 사람들", "빌립보에 있는 거룩한 사람들"이라고 부릅니다. 그런데 이 사실이 우리를 약간 주춤하게 만듭니다. 그렇게 부르는 것은 바울이 이 단어를 사용하는 방식이나 그의 서신에서 이 단어가 뜻하는 방식에 비추어 볼 때, 다시 말해 '거룩한'이라는 말이 구약성경에서 그렇듯이 위험하고 섬뜩하다는 뜻으로 쓰인 것에서 볼 때, 타당하지 않기 때문입니다.

이 말에 대한 우리의 생각을 바꾸게 만드는 또 한 가지 중요한 본문을 요한복음에서 만납니다. 예수께서 제자들과 최후의 만찬을 나누는 자리에서 자기 자신을 거룩하게 하려고 한다고 말하는 본문(요 17:17)입니다. 예수께서는 자신을 거룩하게 구별하면서 제자들도 똑같은 방식으로 거룩하게 되기를 원합니다. 예수께서는 자기 앞에 있는 죽음과 십자가를 향해 나아감으로써 자신을 거룩하게 한다는 것이 이 본문의 의미입니다. 또 신약성경을 보면 여러 곳에서, 십자가 처형은 어떤 의미에서 가장 거룩한 일―이제껏 일어난 일 중에서 가장 거룩한 사건―이요, 그러면서도 종래의 거룩한 장소 밖에서 그리고 기존의 거룩한 사람들에게서 멀리 떨어진 곳에서 일어난 일이라는 점을 분명하게 밝히고 있습니다. 십자가는 도시의 성벽 밖 쓰레기장 위에 세워진 처형도구입니다. 신

거룩함 | Holiness

약성경에서 거룩함은 쓰레기와 고통으로 가득한 인간 본성 한가운데로 예수께서 뚫고 들어오는 일입니다. 예수에게 거룩하게 된다는 것은 완벽하게 분리되는 것이 아니라 철저하게 참여하는 일을 뜻합니다.

> 거룩하게 된다는 것은 완벽하게 분리되는 것이 아니라 철저하게 참여하는 일을 뜻한다.

우리는 구약성경과 신약성경의 개념들이 생각만큼 크게 모순되지 않는 이유를 살펴보는 데 이 책의 나머지 부분을 할애할 수도 있을 것입니다. 하지만 여기서는 많은 사람들이 '거룩함'이란 두려운 실체를 가리키는 두려운 말이요 위험하고 섬뜩한 것이라고 생각한다는 점에 비추어 도움이 되는 차이점만을 살펴볼까 합니다. 거룩함이라는 말이 흔히 일상적 삶에 비해 활기가 떨어지거나 입체적인 면이 부족한 어떤 것을 가리키는 말로 받아들여진다는 점도 역시 사실입니다. 예를 들어, '거룩함'은 특별한 종교 건물이라든가 종교에서 사용하는 (유리창에 스테인드글라스로 장식된) 은은한 조명이나 피 흘리는 사람들의 그림과 연관되기도 합니다. 하지만 우리가 생각하는 것이 위험할 정도로 섬뜩한 것이든 종교적이고 모호한 것이든, 이런 견해들에는 공통되게 '거룩함'이란 간단히 말해 우리와 같지 않다는 전제가 놓여 있습니다.

이 점에 비추어 볼 때, 예수께서 최후의 만찬에서 거룩함에 관해 말한 것이 매우 변혁적이라는 사실이 드러납니다. 최후의 만찬에서 거룩함은 인간이 인간답기가 가장 어려운 곳의 핵심을 뚫고 들어가는 것으로 이해됩니다. 예수께서는 "도시 밖으로" 나가 사람들이 멸시당하고 고난당하는 자리로, 물건과 묶여서 사람들까지도 버려지는 자리로 가십니다. 구약성경의 표현으로 말하면, "진 밖으로" 나가십니다(히브리서 13:13도 보십시오). 이 사실을 진지하게 받아들이면, 그리스도인의 거룩함 개념은 가장 어려운 곳으로 나가셨던 예수의 이름으로 가장 어려운 자리로 가는 일과 관계가 있습니다. 예수께서 우리에게 바라는 것은 우리도 그처럼 거룩하게 되는 것입니다.

바로 이러한 이유에서 거룩함과 세상 속에 참여하는 일은 서로 상충하지 않으며, 그 사이에는 결코 갈등이 있을 수 없습니다. 오히려 가장 거룩하신 분이신 예수께서는 가장 깊이 참여하시고 인간의 경험 가장 깊은 곳으로 들어가십니다. 그런데 정반대로 생각해, 거룩함을 우리 자신의 인간성이나 다른 사람의 인간성에 물들지 않도록 지켜내는 일로 여긴다면, 모든 것을 아주 심각하게 오해하게 됩니다. 이 점을 이해하기 위해서, 우리는 거룩하게 되는 것과 단순히 착하게 사는 일 사이에 아주 중요한 차이가 있음을 기억할 필요가 있습니다. 에블린 워(Evelyn Waugh)의 한 소설에 나오는 멋진 구절을 살펴봅니다. 거기 보면 어떤 사람이 한 인물을 가리켜 "그 여자는 성인(a saint)답기는 했으나 성인은 아니었어"라고 말합니다. 문제의 인물은 매우 엄격하고 헌신적이며 열정적이어서 진정 성인다웠을지는 모르나, 그가 주위 사람들에게 끼친 영향은 죄책감과 좌절감과 비참함을 느끼게 하는 일이었습니다. 그래서 사람들을 스스로 부족하다고 느끼게 만드는데, 내가 보기에 '우리도 많은 경우에 성인답거나 매우 선해 보이는 사람을 만나서 이런 경험을 하지 않을까' 하는 생각이 듭니다. 그런 사람들은 오히려 우리 기분을 더 안 좋게 만듭니다(내가 대학 다닐 때 북아일랜드인 친구를 사귀었는데, 그와 내가 함께 알던 어떤 사람에 대해 그가 "그 사람은 참 좋아서 네 맘대로 엉덩이를 걷어차도 돼"라고 말했습니다).

이에 반해, **거룩한** 사람은 성인다운 정도가 아니라 실제로 성인이며, 여러분으로 하여금 자신이 실제 모습보다 더 낫다고 느끼게 해주는 사람입니다. 선을 추구하는 일은 마치 경쟁시험에 참여한 것과 비슷한 경험일 수 있습니다. 어떤 사람은 매우 수월하게 점수를 얻으며, 다른 사람은 경계선에 턱걸이를 하고, 또 어떤 사람은 기준 밑으로 떨어집니다. 하지만 거룩한 사람은 어떻게든 여러분의 세상을 넓혀 주고, 여러분이 자신을 좀 더 잘 알게 해주며, 여러분을 일으켜 세우고 지지해 줍니다. 그들은 경쟁하지 않습니다. 또 "나는 네게 없는 것을 가지고 있어"라고 말하지 않습니다.

이 세상에는 그저 지니고만 있어도 놀라운 일이 되는 것들이 있다는 사실을 그 사람들은 가르쳐 줍니다.

내가 살아오면서 만난 사람들 가운데 거룩하다고 부를 만한 이들 곧 내 삶에 진정한 영향을 끼친 사람들을 생각해 보면, 그들의 내면 깊숙한 곳에는 바로 이런 특성이 자리 잡고 있었습니다. 그 사람들은 내가 자신에 대해 더 나쁘게 느끼게 만드는 대신 더 좋게 생각하도록 해주었습니다. 아니 정확히 말하면, 완전히 그렇지는 않습니다. 다시 말해, 그들은 내가 **자기만족감**에 빠져들게 하는 사람들이 아닙니다. 오히려 정반대입니다. 그들은 혼란스럽고 타협적인 내 인간성에도 희망이 있다고 느끼게 해줍니다. 참으로 크신 하나님은 현실에서 타협하고 혼란스럽게 살아가는 인생들을 얼마든지 어루만지셔서 그들과 함께 일하십니다. 저를 보세요! 제가 바로 그렇게 다시 살아난 인생입니다. 참된 거룩함은 이렇게 기회를 열고 상황을 변화시키는 의식을 내 삶에 부어 줍니다. 거룩함은 나로 하여금 무능하다고 느끼거나 자기비하에 빠지게 만들지 않습니다. 오히려 나 자신을 좀 더 멋지다고 생각하게 해줍니다. 자신에 대해 이렇게 생각하게 되는 까닭은, 너는 바뀔 필요도 없고 "회개하고 믿을" 필요도 없다는 속삭임에 넘어가서가 아니라, 오직 이 세상 속에서 일하시는 하나님을 바라보기 때문입니다.

(내가 데스몬드 투투 대주교를 여러 번 만나고 나서 다듬기 시작한

이론이 하나 있습니다. 세상에는 두 종류의 이기주의자가 있다는 이론입니다. 자기사랑에 도취하여 다른 사람을 받아들일 여유가 전혀 없는 이기주의자가 있는가 하면, 자신을 깊이 사랑하는 만큼 다른 사람들도 역시 스스로를 사랑할 수 있도록 이끌어 주는 이기주의자가 있습니다. 이런 사람들은 자신 있게 자신을 드러내 보입니다. 이렇게 말한다고 해서 그들이 교만하다거나 자기밖에 모른다거나 스스로 흠 없다고 생각한다는 뜻은 아닙니다. 이들은 하나님께서 그들 안에서 어떤 기쁨을 누리시는지 아는 사람들입니다. 이 점을 잘 알았기에 데스몬드 투투는 자신이 데스몬드 투투인 것을 진심으로 사랑했습니다. 이 사실에는 어떤 의혹도 있을 수 없습니다. 하지만 이 일에서 내가 받은 영향은 얼어붙거나 위축되는 듯한 느낌이 아닙니다. 오히려 나도 하나님의 무한한 은혜에 힘입어 언젠가는 데스몬드가 자신이 데스몬드 투투인 것을 사랑하는 것처럼 내가 로완 윌리엄스인 것을 사랑할 수 있을 것이라고 느끼게 됩니다.)

위에서 살펴본 것이 거룩함을 구성하는 핵심 면모입니다. 그런 까닭에 로마 가톨릭교회에서는 사람들을 성인으로 세울 때 따지는 기준 가운데 하나로 그들이 주위에 기쁨을 낳았는지를 살펴봅니다. 반세기쯤 전에 살았던 한 위대한 성공회 사제를 기리는 추억담에서 이런 특성을 분명하게 볼 수 있습니다. 어떤 여성이 이 사제를 처음 만났던 일을 회상하면서, 그 사제와 대화를 나눌 때 세상의 풍경이 변하고 "그 위로 새로운 빛이 비췄다"고 말했습니다. 내게는 이 이야기가 거룩한 사람과 만나는 일이 어떤 모습인지를 보여주는 탁월한 정의로 생각됩니다. 거룩한 사람을 만나면 새 빛이 비치고 풍경이 바뀝니다. 거룩한 사람은 여러분이 예전에는 미처 보지 못했던, 여러분 자신의 내면과 주변에 있는 것들을 볼 수 있게 해줍니다. 달리 말해, 세상을 쪼그라들게 하는 것이 아니라 확장시켜 줍니다. 바로 이런 의미에서 우리는 예수님을 '지극히 거룩하신 분'이라고 말합니다. 그분은 무엇보다도 풍경을 변화시키고 만물 위로 새 빛을 비추시기 때문입니다. 그 뒤로는 어떤 것도 예전과 같은 방식으로 볼 수 없습니다. 사도 바울이 고린도후서에서 말했듯이, 우리는 예수 그리스도 안에서 새로운 피조물입니다(고후 5:17). 이전과 동일하게 보이는 것은 아무것도 없습니다.

> 거룩한 사람은 우리 자신의 내면과 주변에 있는 것들을 볼 수 있게 해준다.

이렇게 해서 우리는 거룩함의 상을 세우기 시작했습니다. 거룩함이란 예외적이고 특별난 선을 가리키는 말이 아닙니다. 거룩함은 여러분이 어느 정도나 선한지를 따지는 일이 아니기 때문입니다. 거룩함은 세상을 확장하고 그 세상 속에 참여하는 일과 관계있습니다. 거룩한 사람은 '인간으로 산다는 것이 무엇인가'라는 문제 한가운데로 뛰어들어 어려운 과제에 맞서기를 두려워하지 않는 사람입니다. 또 그런 문제들 한가운데서 여러분으로 하여금 사물과 사람들을 새롭게 볼 수 있게 해주는 사람입니다. 이것을 한마디로 요약하면 참 간단하면서도 극히 어려운 일로 정리가 됩니다. 즉 거룩한 사람은 아무리 자신을 성취하는 일에 몰두한다고 해도 지나칠 정도로 자기 자신에게만 관심을 쏟지는 않는다는 점입니다. 거룩한 사람들은 여러분에게 그들을 보지 말고 그들을 둘러싼 세상을 보라고 말합니다. 그들이 아니라 하나님을 바라보게 합니다. 여러분은 그 사람들과 헤어지면서 "아, 참 훌륭한 사람이구나!"라고 느끼는 게 아니라 "참 놀라운 세상이구나!", "참 놀라운 하나님이시다!"라고 느끼게 되고, 심지어는 감탄하면서 "나 또한 얼마나 대단한 사람인가!"라고 느끼게 됩니다.

변혁하는 힘을 지닌 이런 특성은 무엇이 거룩한 것인지를 밝히는 시금석이 됩니다. 물론 어려운 점도 있는데, 여러분이 노력한다고 해서 이렇게 행할 수는 없다는 사실입니다. 여러분이 자리를 잡고 앉아서 이렇게 말한다고 가정해 봅시다. "철저히 마음을 비우고 이기심을 벗어 버릴 거야. 20분마다 나를 돌아보고 자신을 내세우는지 점검해야지. 또 20분마다 정신을 차리고 어찌 되어가는지 생각을……야, 정신 차려!" 이것이 바로 문제입니다. 이것이 그리스도인의 거룩함 속에 놓여 있는 함정입니다. 거룩함은 여러분이 자신을 의식하지 않을 때 모습을 드러내며, 바로 이 점 때문에 거룩하게 되는 데는 유용한 자습서가 없다고들 말합니다. 살을 빼다거나 능숙한 지도자가 되고 실력 있는 요리사가 되는 일에는 자습서가 있으나, 나로서는 성인이 되는 데 쓸 만한 자습서를 본 적이 없으며 또 그런 자습서라고 내세우는 주장에 대해서 의심하는 마음을 금할 수 없습니다. 거룩하게 된다는 것은 하나님의 탁월하심에 완전히 장악당해서 그 탁월성이 여러분의 주된 관심사가 되고, 또 여러분을 통해 빛으로 솟아나 다른 사람들을 비추게 되는 것을 말합니다.

> 거룩하게 된다는 것은 하나님의 탁월하심에 완전히 장악당하는 것이다.

함정을 조심하십시오. 다시 말해, 거룩하게 되기를 원한다면 거룩함에 관해 생각하기를 멈춰야 합니다. 거룩하게 되기를 바란다면 하나님을 바라보십시오. 거룩하게 되기를 소망한다면 하나님 지으신 세상을 즐거워하고 그 속으로 들어가 있는 힘을 다해 사랑하고 섬기십시오. 그러다 보면 어느 날엔가 사람들이 여러분을 가리켜 "보세요. 내가 그 사람을 만났을 때 세상의 풍경이 전혀 다르게 보였습니다"라고 말하게 될지 누가 알겠습니까?

그런데 제자들 개개인에게 합당한 것은 교회 전체에도 합당합니다. 종종 사람들은 교회를 좀 더 거룩하게 만들고자 놀라운 방책들을 제시하는데, 그 방책이라는 것이 어떤 사람들은 안으로 들어오지 못하게 하고 안에 있는 사람들은 밖으로 내보내는 일일 때가 많습니다. 우리는 거룩한 교회란 나와 비슷하게 최선의 조건을 갖춘 사람들로 채워진 곳이어야 한다고 생각하기 쉽습니다. 하지만 교회가 그런 방식으로 거룩함에 도달하려고 애쓰게 되면 거의 언제나 끔찍할 정도로 엉망이 되어 버립니다. 배타적이고 불안해하고 자기만을 생각하는 교회가 됩니다. 나라고 정말 부족함 없이 양심적이고 순수함에서 모자람이 없을까요? 나와 어울리는 그 **사람들**도 순수함에서 모자람이 없을까요? 결코 그렇지 않습니다! 오히려 진정 거룩한 교회는 하나님의 탁월하심에 완전히 장악당합니다. 그때 교회는 하나님의 아름다움과 영광을 노래하기 원하며, 또 인간성의 한가운데로 뛰어들어 사람들이 가장 인간적인 모습을 드러내는 자리에 섬으로써 하나님의 자기를 비우시고 포기하시는 사랑을 증언하기 원합니다.

거룩하게 된다는 것은 이기심을 비워 내는 것이 분명하지만, (다시 한 번 말하는데) 이기심을 비워 내는 **수단**을 손에 쥔다는 의미에서 그런 것은 아닙니다. 거룩하게 된다는 것은 하나님과 이 세상에 큰 관심을 쏟는 것이요, 그래서 여러분 자신에게 매달려 씨름하는 데는 별로 시간을 할애하지 않는 것입니다. 우리는 모두 거룩하도록 부름받았으며, 예수의 영 안에서 거룩함을 이룰 수 있는 능력을 받았습니다. 예수의 영은 확신을 품고 진실하게 기도할 수 있는 능력, 곧 하나님께 아뢸 때 어버이를 대하듯 친밀하게 "아빠, 아버지"라고 기도할 수 있는 능력을 계속해서 우리 안에 부어 주는 성령이기 때문입니다.

사도 바울은 "영"이신 주님께서 우리 얼굴에서 너울을 벗겨 주시고 우리로 변화되어 "점점 더 큰 영광에" 이르도록 이끌어 주신다고 말합니다(고후 3:16-18). 성령은 미망과 변명이라는 껍데기들을 벗겨내며, 그래서 우리는 현실을 있는 그대로 보게 됩니다. 그런데 이 사실은 진정 거룩한 사람은 위대한 예술가나 음악가나 시인과 비슷하다는 사실을 말해 줍니다. 이 사람들은 우리가 다른 데서는 놓칠 수밖에 없는 것들, 곧 다른 방법으로는 간과할 수 없는 세상의 여러 차원과 깊이를 보도록 도와줍니다. 예술가라고 해서 다 모든 면에서 성인은 아닙니다. 그들 중에도 개인적 삶에서는 철저히 자기중심적인 이기주의자가 있을 수 있습니다. 하지만 그들은 **작품 활동**을 통해서 철저히 자신을 비우며, 그렇게 해서 뭔가 큰일을 끌어내고 살아나게 합니다. 거룩한 사람인 성도들도 역시 자기네 삶을 통해 그와 같은 예술 작품을 창조해 내고, 뭔가 놀라운 일을 드러내며, 더 큰 세상을 보여주고, 새로운 빛과 새 풍경을 열어 보입니다.

그런데 우리는 거룩함의 길로 나설 때 아주 간단한 두 가지 일로 시작합니다. 여기서 '간단하다'는 말은 '어렵다'는 의미입니다. 앞에서 살펴보았듯이, 하나는 **바라보기** 곧 예수를 바라보고 하나님이 어떤 분이신지를 바라보며 복음을 바라보고 그것이 의미하는 모든 것을 바라보는 것이며, 다른 하나는 **탐구하기** 곧 인간이 사는 곳이 어떤 곳이고 그들이 처한 곤경이 무엇이며 그들이 우리에게 요청하는 일은 무엇이고 그들이 좀 더 인간답게 살도록 우리가 도울 일이 무엇인지를 탐구하는 일입니다. 예수님을 바라보며 우리 사는 세상을 탐구하는 이 두 가지는 거룩함을 이루어 가는 일에서 토대로 삼을 만한 유일한 지침이라고 할 수 있습니다. 그런데 이 지침이라는 것이 좀처럼 눈에 두드러지는 효과를 내지 못합니다. 하지만 거기서 출발하십시오. 그다음 일이야 어찌 될지 누가 알겠습니까.

5

사회 속의 신앙

몸은 하나이지만 많은 지체가 있고, 몸의 지체는 많지만 그들이 모두 한 몸이듯이, 그리스도도 그러하십니다. 우리는 유대 사람이든지 그리스 사람이든지, 종이든지 자유인이든지, 모두 한 성령으로 세례를 받아서 한 몸이 되었고, 또 모두 한 성령을 마시게 되었습니다. 몸은 하나의 지체로 되어 있는 것이 아니라, 여러 지체로 되어 있습니다. 발이 말하기를 "나는 손이 아니니까, 몸에 속한 것이 아니다" 한다고 해서 발이 몸에 속하지 않은 것이 아닙니다. 또 귀가 말하기를 "나는 눈이 아니니까, 몸에 속한 것이 아니다" 한다고 해서 귀가 몸에 속하지 않은 것이 아닙니다. 온몸이 다 눈이라면, 어떻게 듣겠습니까? 또 온몸이 다 귀라면, 어떻게 냄새를 맡겠습니까? 그런데 실은 하나님께서는, 원하시는 대로, 우리 몸에다가 각각 다른 여러 지체를 두셨습니다. 전체가 하나의 지체로 되어 있다고 하면, 몸은 어디에 있습니까? 그런데 실은 지체는 여럿이지만, 몸은 하나입니다. 그러므로 눈이 손에게 말하기를 "너는 내게 쓸 데가 없다" 할 수가 없고, 머리가 발에게 말하기를 "너는 내게 쓸 데가 없다" 할 수 없습니다. 그뿐만 아니라, 몸의 지체 가운데서 비교적 더 약하게 보이는 지체들이 오히려 더 요긴합니다. 그리고 우리가 덜 명예스러운 것으로 여기는 지체들에게 더욱 풍성한 명예를 덧입히고, 볼품없는 지체들을 더욱더 아름답게 꾸며 줍니다. 그러나 아름다운 지체들은 그럴 필요가 없습니다. 하나님께서는 몸을 골고루 짜 맞추셔서 모자라는 지체에게 더 풍성한 명예를 주셨습니다. 그래서 몸에 분열이 생기지 않게 하시고, 지체들이 서로 같이 걱정하게 하셨습니다. 한 지체가 고통을 당하면, 모든 지체가 함께 고통을 당합니다. 한 지체가 영광을 받으면, 모든 지체가 함께 기뻐합니다. │고린도전서 12:12-26

그리스도교 제자도는 현대 민주주의 사회 속에서 어떤 위치에 놓일까요? 특히 유럽의 경우, 많은 사람에게 그 답은 간단합니다. 제자도는 사적 영역에 속한다는 것입니다. 현대 사회에서 사람들은 자기가 원하는 대로 믿고 실천할 자유를 누리는 것을 당연하게 여깁니다. 그래서 어떤 사람이 그리스도교나 다른 종교를 믿고 실천하기로 결심했다면, 그것은 그 사람 개인의 문제입니다. 하지만 이런 자유는 그들이 원하는 대로 물건을 사거나 마음에 드는 대로 옷을 입을 자유와 다를 게 없습니다. 종교는 개인적인 문제이며, 그들이 사회 속에서 시민으로 활동하는 방식에 영향을 끼쳐서는 안 됩니다. 어떤 사회의 법이 특정 종교 사상을 편드는 일은, 예술적 취향이나 음식·의복·자동차와 관련한 특정한 애호에 각별한 지위를 부여하는 것 못지않게 상상도 할 수 없는 일입니다. 종교는 일반적 방식으로 존중받고 법에 의해 하나의 권리로 보호받을 수 있지만, 공적 의사결정과 정책의 영역에 속하지는 않습니다.

이러한 세속적 사고방식은 17세기와 18세기의 유럽 계몽주의에서 그 기원을 찾을 수 있습니다. 야만적 종교 전쟁 시기가 끝난 뒤, 더 이상 종교를 둘러싼 갈등이 있어서는 안 된다는 강력하고도 당연한 열망이 나타났으며, 또 억압적이고 비합리적인 종교 권위에 대한 불신이 깊어졌습니다. 이 시대의 많은 지성인들은, 도덕적 행위란 초자연적 창조자를 경외하는 태도와는 별 관계가 없는 것으로, 이성적인 사람이라면 누구라도 이해하고 실천할 수 있는 일이라고 믿었습니다. 그들은 스스로 할 수 있는 일이 무엇인지 알기 위해 더 이상 하늘에서 오는 계시라든가 사제와 성경으로 무장한 종교 제도를 필요로 하지 않았습니다. 나라를 통치하는 일에 종교 권위자들이 끼어들 자리는 없었습니다.

현대 사회가 더욱 발전하면서 이러한 상황에 또 한 가지 요소가 더해져 중요한 역할을 맡게 되었습니다. 인권 개념이 점차 강력한 힘을 발휘하게 됩니다. 그래서 많은 사람들이 인간 개인은 존중받을 권리를 타고나며 법으로 보호받을 고유한 존엄성과 자유를 지닌다고 생각하였습니다. 이 자유는 본질상 개인이 자기 마음에 드는 것을 선택하는 자유이며, 이 자유는 다른 사람에게 미칠 피해를 고려함으로써만 제한되었습니다. 합리적이고 공정한 사회란 개인이 자신의 행복을 선택하고 추구할 자유를 존중해 주며, 또 각각 자신의 자유를 행사하는 사람들 때문에 그에게 피해가 돌아가지 않도록 보호해 주는 사회입니다. 이것이 현대 자본주의의 중요한 면모로 자리 잡았으며, 모든 사람의 개인적 선택의 폭을 늘리는 것이 자본주의의 목표가 되었습니다.

이렇게 해서 독특한 성격을 지니는 현대 세속주의의 구성요소들이 등장하였습니다. 앞에서 언급한 사실에서 볼 때, 이상적 사회란 정부가 나서서 어떤 철학이나 종교의 가치들을 장려하지 않으며, 다만 자유롭게 선택할 수 있는 보편적 인권을 보호하는 사회로 규정됩니다. 그런 사회에서는 종교가 사회의 전반적 업무에 위협이 되지 않는 한 사사로운 조직으로 용납하기는 하지만, 공적으로 어떤 종교 조직도 인정하거나 지지하지 않으며 특권을 부여하지도 않습니다. 정도의 차이가 있지만, 이것이 오늘날 여러 사회들 배후에서 작동하는 전제입니다. 이러한 특성을 가장 명확하게 보여주는 사례가 프랑스이며, 미국도 실제에서는 종교가 널리 힘을 발휘하지만 이론적으로는 역시 이러한 전제가 지배하고 있습니다. 영국·독일·이탈리아와 같은 다른 나라들은 훨씬 더 복잡한 형편에서 여전히 종교, 그중에서도 특히 그리스도교의 원리와 가치들을 공적으로 폭넓게 인정하고 있습니다. 하지만 이런 현상이 과연 오늘날의 상황에서 타당한 일인지를 놓고 격렬한 논쟁이 벌어지고 있습니다.

이러한 현실이 그리스도의 제자들에게는 어떤 영향을 끼칠

까요? 나는 정치평론가들이 '세속' 사회라는 기본 모델과 그 기능에 대해 통상적으로 제기하는 두 가지 특별한 우려를 살펴봄으로써 이 물음에 답을 하려고 합니다. 첫 번째 우려는 흔히 좌파 평론가들이 제기하는 것으로, 모든 사회에서 공동체의 번영을 유지하고 발전시키기 위해 의지하는 주요 기관이 시장인데도 그 시장이 자원의 공평한 분배와 같은 것을 전혀 보장하지 않는다는 것입니다. 특정 사회 속에서나 서로 다른 국가들 사이에서 불평등이 위험할 정도로 심화되었으며, 그 결과 사회 자체의 기본적 기능에까지 심각한 영향을 끼치게 되었습니다. 우리는 세계 경제의 사다리에 발을 디뎌 본 적도 없는 나라들을 위해 실제적 교역 조건의 공정성을 확보하는 일에서 그 어느 때보다 더 큰 어려움을 겪고 있습니다.

두 번째 우려는 대체로 보수주의 비평가들이 제기하는 것으로, 상대적 가치들을 외치는 언어로 가득 차고 소비중심적 행동양식이 지배하는 우리 문화에서는 사람들로 하여금 다른 사람을 위해 일하게 하거나 겉보기에 경제적 효용이 없는 사람과 사물을 소중하게 여기도록 동기를 부여하는 일이 어렵게 되었다는 점입니다. 최근까지만 해도, 광범위한 사회 과정에서 피해를 입거나 소외된 사람들을 돌보는 자원봉사 기관과 자선단체들이 힘을 합쳐서 사회 불평등의 심각한 문제를 줄일 수 있었습니다. 그러나 우리 시대에 들어와서는 자원봉사 정신이 대체로 높이 평가받지 못합니다. 게다가 사회가 젊은 시민들을 이끌 도덕적 지침을 제시하지 못하는 형편에서 무엇으로 그 공백을 메울 수 있을까요? 경제 활동을 지배하는 단기적 소비지상주의가 가정생활까지 파고들어 안정

> 사회가 젊은 시민들을 이끌 도덕적 지침을 제시하지 못하는 형편에서 무엇으로 그 공백을 메울 수 있을까?

된 틀을 무너뜨리고, 사람들이 결혼과 자녀양육처럼 장기적이고 무조건적 헌신이 요구되는 일을 부담스러워하거나 심리적으로 거부할 때 과연 어린아이들이 선명한 도덕적 우위를 지니고 자라날 수 있을지 확신할 수 없습니다. 또 최근에 영국에서 이루어진 연구가 분명하게 경고하듯이, 이러한 영향이 젊은이들까지 휘어잡아서 자유로운 정신을 지닌 세대가 일어서지를 못하고, 우려스러울 정도로 불안하고 권태로우며, 전과는 비교할 수 없을 정도로 정신질환에 취약한 세대가 형성되고 있습니다.

지난 두 세기를 이끌었던 합리적 철학이 힘을 잃어버렸습니다. 오늘날 우리가 안고 있는 역설 가운데 하나가 많은 사람들이 종교 못지않게 과학을 불신하고 과소평가한다는 사실입니다. 사람들이 이전처럼 이성과 객관적 논증을 신뢰하는 태도를 당연하게 여기지 않게 되었습니다. 게다가 과학과 기술의 진보에서 비롯

된 핵전쟁·유전공학·환경오염 같은 악몽과 위기에 비추어 볼 때, 이런 불신이 널리 퍼지게 된 것은 그리 놀라운 사실이 아닙니다. 법체계 내에서 우리가 행하는 많은 일들에서는 여전히 인권 철학이 모퉁잇돌 역할을 하고 있지만, 갈수록 상반된 권리가 충돌하고 개인주의의 위험성이 증가하고 내 권한에 속한 것은 언제든 내 맘대로 할 수 있다는 가정이 널리 퍼지고 있습니다. 이러한 일들로 인해 사회가 공격적이고 의심이 가득하며 신뢰를 찾아보기 힘든 곳으로 변해 가고 있습니다.

시계를 되돌릴 수는 없습니다. 또 엄격한 종교 원리들을 따라 굴러가는 사회가 더 행복하거나 평온할 수 있다고 생각해서는 안 된다는 것이 나의 판단입니다. 전통적 무슬림들은 분열되고 뒤죽박죽인 서구 사회 속에서 오직 이슬람교만이 현재 우리가 맞고 있는 혼돈에 맞서 통합된 사회를 세울 수 있다고 주장합니다. 하지만 이 세상을 설득할 만큼 단일하고 명료한 이슬람 통치 체제 같은 것은 존재하지 않는 듯합니다. 또 이슬람 법학자들이 공적인 종교 다양성의 자유에 제약을 가하면서 생겨나는 난제들은, 우리가 관례적으로 이해하는 다양한 인권 사상이 어떻게 엄격한 이슬람 법철학과 조화를 이룰 수 있겠느냐는 문제를 낳습니다.

하지만 이슬람과의 대화를 통해서 서구 사회는 세상 사람들이 모두 사회생활을 떠받치는 하나의 '합리적'이고 세속적인 기초를 받아들이지는 않는다는 점을 알게 되었습니다. 그런데 우리가 이슬람의 분석에 동의하지 않는다면, 그 대신에 무엇을 도덕적 사회의 기초로 제시해야 할까요? 여기서 나는 그러한 기초를 다지는 데 필요한 것으로, 그리스도교 신앙과 제자도의 두 가지 원리를 제시하고자 합니다. 그것은 인간이 모두 하나님께 동등한 가치가 있으며, 또 서로에게 의존한다는 사실입니다. 우리가 참된 정의와 항구적 평화와 안정을 지켜 내려고 할 때, 이 두 가지 원리가 없이는 아무 일도 할 수 없습니다.

우리는 모두 하나님께 동등한 가치가 있다

그리스도의 제자들이 볼 때 인간의 존엄성―그리고 그와 관련된 인권 개념 전체―의 토대가 되는 것은, 사람은 누구나 다른 사람이나 사물과 관계 맺기에 앞서서 하나님과 관계를 맺고 있다는 인식입니다. 하나님은 당신께서 세우신 영원한 목적, 곧 이 세상의 어떤 힘이나 환경으로도 바꿀 수 없는 목적에 비추어 사람들이 어떤 존재이며 또 어떤 존재가 될 수 있는지를 정하였습니다. 사람들은 자기네 소명을 거부하거나 완고한 마음으로 그것을 깨닫지 못할 수 있습니다. 하지만 하나님께서는 계속해서 그들을 부르시며 그들에게 자기네 소명을 완수하는 데 필요한 것을 베풀어 주십니다. 그리고 그 소명에 어떻게 응답하고 거절하느냐가 영원에 영향을 미칩니다.

우리는 모두 하나님께 동등한 가치가 있다는 원리는 내가 다른 사람 앞에 설 때마다 신비 앞에 서는 것이라는 뜻을 함축합니다. 다른 사람들의 삶, 그들의 실존에는 오로지 하나님하고만 관계가 있기에 내가 다가갈 수 없고 통제할 수 없는 차원이 있습니다. 에스겔의 예언에 나오는 말로 하면, 사람들이 듣든 듣지 않든 하나님께서 그들 각자에게 주시는 은밀한 말씀이 있습니다. 다른 사람들이 내게 베푸는 존중은 하나님께서 내게 보이시는 존중과 잇닿아 있습니다. 하나님께서는 그 사람들도 지으시고 지키시기 때문입니다. 나는 다른 사람과의 만남을 통해 거룩한 토대 앞에 섭니다. 그 이유는 그들이 마땅하고 정당한 법적 권리를 타고났기 때문이 아니라 그들의 삶에는 내가 온전히 알 수 없는 차원, 곧 하나님께서 정해 주셔서 이 세상 속에 독특한 능력과 가능성을 지니고 존재하는 차원이 있기 때문입니다. 그리스도의 제자들도 똑같이 인권과 인간의 존엄성을 위해 헌신하지만, 어떤 법적 자격이 있어서가 아니라 이처럼 바탕에 놓인 존중하는 마음이 동기가 되어 그

> 우리는 다른 사람 앞에 설 때마다 신비 앞에 선다.

렇게 헌신합니다.

　이 원리는 또 세상에는 불필요한 사람 곧 '여분의' 사람이 없다는 사실을 뜻합니다. 모든 사람의 유익을 위해 모든 사람이 필요합니다. 인간의 실패는 하나님의 목적에서 유일무이하고 반복 불가능한 측면이 소멸되는 것을 용인하는 것이라는 점에서 비극적이고 가혹한 일입니다. 러시아의 위대한 소설가 보리스 파스테르나크(Boris Pasternak)가 소설 『닥터 지바고』의 등장인물을 통해 말한 것처럼, 우리는 고대의 제국들이 아무 거리낌 없이 수없이 많은 인간을 살육하고 희생시켜도 된다고 여겼다는 사실을 쉽게 잊어버립니다. 그러나 그리스도교 복음은 한 인간만큼 고귀하고 하나님의 형상을 닮은 존재는 없다고 선언합니다.

　그러므로 이 원리는 인간이 엄청나고 영구적인 헌신을 받을 만한 가치가 있다는 것을 가르칩니다. 부자이거나 가난하거나 하루를 살거나 90년을 살거나 상관없이 인간은 온전한 관심과 돌봄을 받을 자격이 있습니다.

　예를 들어, 죽어 가는 사람을 많은 비용을 들여 헌신적으로 보살피거나 소위 정신적으로 생산 능력이 없는 사람들을 귀하게 여기며, 나아가 어린아이나 태어나지 않은 아이까지도 존중하는 일은 전형적으로 그리스도교의 실천에 속합니다. 또 사람들이 결혼생활에서 배우자에게 평생토록 헌신할 수 있는 것도 그 일이

극히 중요하고 힘든 일임을 생각할 때—수십 년 넘게 관계를 이어 오면서도 사랑하는 사람을 완전히 이해하거나 '사로잡는' 것이 불가능하기 때문이지요—역시 전형적인 그리스도인의 실천에 속합니다. 순간적으로 폭발하는 성적 충동도 인간의 고유한 특성을 인식할 때 이렇게 그리스도교의 실천에 속하는 것으로 바뀌게 되고, 그래서 뭔가 근본적이고 신나는 일이 가능하게 됩니다. 오늘날 문명 세계가 겪는 성도덕의 위기는 단순히 원칙을 지키지 못하는 데서 생겨나는 문제가 아닙니다. 인간이 지닌 신비에 대한 인식을 상실하고, 평생에 걸쳐 다른 사람에게서 신비로움을 찾고 누려야 하는 소명을 잃어버린 데서 위기는 시작됩니다.

이 원리는 또 어떤 사람의 가치를 그가 얼마나 성공했으며 얼마나 효율적이냐를 기준으로 평가해서는 안 된다고 가르칩니다. 성공이라는 잣대로 증명할 수 없는 고귀한 것, 사회의 기대와 요구를 초월하는 것들이 언제나 존재합니다. 크게 보아 이런 것들은 특히 예술가들이 맡아야 하는 일이라고 볼 수 있습니다. 하지만 이 원리는 또 갈수록 조급해지고 많은 것을 요구하면서 과도한 업무와 스트레스를 낳는 문화의 기대치에 부응하지 못하는 사람들에게 존

> 어떤 사람의 가치를 그가 얼마나 성공했으며 얼마나 효율적이냐를 기준으로 평가해서는 안 된다.

중과 관심을 베푸는 것을 뜻하기도 합니다. 사람은 다른 사람이나 사물과 관계 맺기에 앞서 하나님과 관계 맺는다고 보는 그리스도교의 비전에서는 일과 인내를 소중하게 여길 뿐만 아니라, 한 걸음 더 나아가 여가를 소중히 여기고, 주는 일 못지않게 받는 능력도 귀하게 여깁니다.

만일 선진화된 우리 사회의 흐름이 개인의 독특성을 무시하고, 사람들에게 과도한 업무와 가시적 결과라는 무거운 짐을 지우며, 성공은 칭송하고 실패는 경멸하고, 성(性)을 지속적이고 창조적인 동반자 관계가 아니라 오락으로 변질시키는 특성을 띠게 된다면, 이에 대해 그리스도의 제자들은 "이 모든 현상은 인간이 하나님의 작품이라는 믿음을 버린 데서 비롯된 당연한 결과다"라고 말할 수 있을 것입니다. 그런데 여기서 우리는 한 걸음 더 나아가게 됩니다. 하나님의 창조는 인류를 넘어 더 넓은 영역을 포괄하기 때문입니다. 인간에 대한 설명으로 합당한 것은 사물에도 그대로 적용됩니다. 동방교회 초기의 몇몇 신학자들은 물질세계의 모든 요소가 하나님의 '말씀'을 담고 있으며 하나님의 생명과 지혜가 어떤 것인지를 계시한다고 말했습니다. 우리가 이 사실을 받아들인다면, 우리를 둘러싸고 있는 세상을 우리가 원하는 것을 얻고 착취하는 채석장이나 되는 양 다루어서는 안 됩니다. 생태학과 환경 위기의 측면에서 볼 때, 이 세상을 우리의 소유라고 주장하는 대신 우리와 관계 맺기에 앞서 하나님과 관계가 있는 것으로 보는 태도를 회복시켜 주는 종교적 관점이 그 어느 때보다 절실히 필요합니다. 성경을 보면, 하나님은 인간이 세상에 살기 전부터 그 세상을 가리켜 좋다고 말씀하십니다.

우리는 모두 서로에게 의존한다

앞서 살펴본 내용을 기초로, 그리스도교 신앙과 제자도가 우리의 사회생활 태도에 대해 무엇을 가르치는지 온전한 그림으로 그려 낼 수 있습니다. 그런데 이 그림이 분명 예수의 가르침을 토대로 삼고 있기는 하나 아직까지는 유대인이나 무슬림, 힌두교도가 주장하는 것과 아주 유사합니다. 다양한 종교에 속한 사람들이 이러한 개념을 공유할 수 있으며 사회 속에서 힘을 합쳐 그 개념을 실천할 수 있습니다. 그러나 좋은 사회를 건설하는 일에 그리스도교가 기여할 수 있는 별개의 요소가 있으며, 이것이 내가 강조하려고 하는 두 번째 원리입니다.

신약성경에서는 사람들이 믿음으로 예수 그리스도와 관계를 맺을 때 모든 사람이 자유롭게 자기의 은사를 내어놓아 다른 사람들을 섬기는 공동체가 형성된다고 말합니다. 하나님께서 인간 세상에서 찾으시는 것을 가장 완벽하게 제시하는 공동체는, 각 사람이 자기의 자원을 재정적인 것이든 영적인 것이든 지식에 속한 일이든 행정적 일이든 가리지 않고 다른 사람들에게 나누어 주는 공동체입니다. 이런 공동체의 모습은 사도 바울의 말대로 그리스도의 몸을 본받은 것입니다. 이 공동체에서는 가장 미천한 사람이나 쓸모없는 사람들이 은사와 목적을 지닌 존재로서 존엄성을 인정받을 뿐만 아니라, 누구나 다른 사람에게 **베풀** 수 있어서 나누어 주는 자로서 존엄성을 누리고 중요한 사람이 될 수 있습니다. 또 '모든 사람이 존엄성을 지닌다'고 주장하는 정적 개념을 뛰어넘어, '사람은 누구나 다른 사람의 삶과 존엄성을 세워 주는 일에 참여한다'고 보는 역동적 그리스도교 비전을 제시합니다.

이 비전은 동기부여의 문제와 아주 밀접한 관계가 있습니다. 이 글에서 내가 사용하는 종교 언어들은 그 바탕에 감사하는 마음과 연결된 존중이라는 기본 태도를 깔고 있습니다. 우리 앞에 있는 것, 곧 세상을 이루는 인간과 물적 자원들은 신비한 방식으로 하나님과 연결되어 있으며, 따라서 하나님께서 우리에게 주시는 선물을 담고 있습니다. 인간과 물질로 이루어진 세상을 존중하고 사랑하면서 그러한 마음으로 교류한다는 것은 앞서 언급한 기본 태도를 표명하는 것일 뿐만 아니라, 세상의 형편이나 상황이 어떠하든지 희망을 품고 하나님께서 우리에게 주시는 선물에 자신을 개방하는 것을 뜻합니다. 이런 태도는 인간과 물질 세상을 내가 원하는 대로 만드는 일이 아니라 하나님께서 계획하신 대로 세워 가는 일에 관심을 기울인다는 점에서 이타적 견해이며, 또 다른 사람의 삶도 하나님께서 정하신 대로 성숙하지 않는다면 나 역시 하나님께서 원하시는 사람이 될 수 없다는 사실을 인정한다는 점에서 자기중심적 견해입니다.

그리스도교 사상에서 개인에게 부여된 적극적 책임을 강조한다는 것은, 정부나 민간 영역의 구분 없이 지도자의 위치에 있는 사람이라면 누구나 다른 사람을 이끌어 하나님께서 베푸시는 가능성에 자유롭게 응답하도록 인도할 사명이 있다는 것을 의미합니다.

그래서 그리스도교의 비전에서 보면 종교의 지지를 받는 공적 권력이 개인의 선택을 억압하는 일은 있을 수 없습니다. 역사를 통해 우리는 교회가 정치권력을 직접 행사하려고 들면 서로 자유롭게 베풀고 섬기는 공동체라는 참된 특성을 잃어버리고, 또 권력 앞에서 뒤로 물러서면 그리스도교의 독특성을 포기하는 위험에 빠지게 된다는 사실을 확인합니다. 말하자면 그리스도인의 제자도란 사회의 다른 영역과 충돌하는 것을 두려워하지 않고서 그리스도의 몸 안에서 하나 된 관계라는 비전을 따라 사는 것을 뜻합니다. 충돌이 일어나는 까닭도 이런 관계로 사는 삶이 대체로 사회에서 환영받지 못하기 때문입니다.

따라서 그리스도인들은 전체 사회를 향해 자기네 비전을 따르라고 강요하지 않습니다. 그리스도인들이 정치 영역에서 맡아야 할 역할이 있다면, 사회가 의사를 결정하는 과정에서 진지하게 신앙의 목소리에 귀를 기울여야 한다고 주장하는 형태가 될 것입니다. 달리 말해, 그리스도의 제자들이 정치적 운동을 펼치는 이유는 정치를 지배하기 위해서가 아니라(그런 목적으로 활동하게 되면 그리스도인들이 소중하게 여기는 개인적 자유의 가치를 훼손하게 됩니다) 대중 사이에서 인지도를 확보하기 위해서입니다. 즉 공적 영역으로 들어가 적극적으로 그리스도교의 비전을 전파하고 옹호하며, 공공의 삶을 세우는 데 더 합당한 기초가 있다는 사실을 정부와 개인들에게 납득시키기 위해서 일합니다.

그리스도인들은 어떻게 영향을 끼칠 수 있는가

복잡한 현대 민주주의 사회에서 그리스도의 제자들이 공적 영역에 끼칠 수 있는 가장 큰 영향은 내가 지금까지 계속 말해 온 근본적 존중을 구체적 행동에 담아 전하는 메시지로 이루어집니다. 이런 메시지를 담아낸 자원봉사 활동은 사회가 당연하게 여기는 일들을 지속적으로 변화시키는 잠재력을 지닙니다. 그리고 그 결과로 법률이 제정되느냐와는 별개로(법 제정은 절대 다수의 인구가 변화―예를 들어 노예제 폐지와 같은 일―의 정당성을 납득할 때에야 이루어집니다) 분위기가 바뀌고 인간을 위한 새 가능성들이 열리는 것을 보게 됩니다.

그리스도인의 호스피스 활동은 하나님과 관계 맺어 사는 인간의 신비에 진지하게 헌신하는 일이라는 점에서 증언을 대표하는 아주 강력한 사례입니다. 또 다른 사례로는 그리스도인들이 적극적으로 개입하여 공정 거래가 이루어질 수 있도록 헌신하고 감시하는 일을 들 수 있는데, 이를테면 물건을 선별하여 구매하고 생산과 유통 문제에 소비자로서 압력을 가하는 일이 그에 해당합니다. 이 일도 역시 효과적 증언이 될 수 있습니다. 영국에서 우리는 개인과 회중들로 하여금 자신들이 남기는 환경 '발자국'을 감시할 수 있게 해주는 간단하고 다양한 방법들도 개발하고 있습니다. 이 활동은 사회 일반에서 이 문제를 도덕적이고 영적인 문제로 인식하게 하는 데 작지만 의미 있게 기여하고 있습니다.

그리스도교와 기타 종교 단체들은, 환경 문제처럼 표를 얻는 데 효과가 없어서 주류파 정치 집단의 지원을 받기 어려운 운동들을 전면에 내세우기에 딱 좋은 위치에 있습니다(영국에서 많은 교회들로부터 큰 호응을 이끌어 낸 그런 운동 가운데 하나가 교도소의 환경을 개선하는 일입니다), 세속 민주주의 과정이 겉으로는 합리적이고 공정해 보이나, 선거 과정에서 제기되는 여러 요구들—안타깝게도 이런 요구들이 언제나 합리적이고 공정하지만은 않습니다—에 쉽게 휘둘리게 된다는 사실을 알 필요가 있습니다. 나라의 번영을 다루는 큰 규모의 쟁점들이 이러한 갈등들을 압도하며, 그래서 장기적 중요성—여기서 장기적이라고 말하는 것은 덜 급하다는 의미가 아닙니다—을 지니는 여타 문제들에 귀를 기울이게 만드는 일이 어렵습니다. 교회나 여러 신앙 단체들은 정치적 흐름이나 다수 의견에 흔들리지 않고 인간 본성을 이해할 수 있는 까닭에 이러한 장기적 문제들의 신탁관리인이나 후견인 역할을 담당할 수 있습니다.

이러한 맥락에서 국가와는 별개로 자체의 온전함과 의미를 추구하는 공동체들이 제시하는 도덕적 비전에 국가가 귀 기울여 들어 주는 양태를 띨 때, 건강한 민주주의라 할 수 있습니다.

이번 장에서 나는 하나님과의 관계에 비추어 인간과 세상을 보는 그리스도교의 모델이 새로운 정치적 비전을 제시할 수 있는 몇 가지 특별한 방법들을 제안했습니다. 그리스도의 제자들은 국가를 교회로 변화시키려고 노력하는 대신, 인간성을 최고로 구현하는 공동체 삶—그리스도의 몸이 이루는 삶—의 형식과 방향을 국가와 전체 문화에게 제시합니다. 완고한 세속 사회는 자기폐쇄

적이 되거나, 극단적 비판에 전혀 대응하지 못하고, 도덕 전반의 우선적 문제들을 다루는 토론의 장을 갖추지 못하며, 변화를 거부하게 되는 위험을 늘 안고 있습니다.

이렇게 진정한 공동체의 형식과 방향을 제시하는 것이 그리스도교가 공적 영역에 기여할 수 있는 일의 핵심이라고 할 수 있습니다. 그리스도교는 전혀 다른 관점, 곧 사리를 추구하는 집단으로서는 결코 생각할 수 없는 관점에서 문제를 제기합니다. 그리스도교는 국가와 법의 대화 상대자가 되며 이른바 '비판적 지지자'의 역할을 합니다. 또 국가가 당연하다고 여기는 것의 근본에 대해 문제를 제기하며, 일반적 사회 도덕의 천박함에 이의를 제기합니다. 그리스도교는 국가를 향해 자신이 대변하는 공동체인 하나님 나라를 본받아 변화되라고 요구합니다. 그리스도교는 정치를 통해 이 땅 위에 하나님 나라를 이룰 수 있다는 그릇된 주장을 펴지 않으며, 오히려 인간이 사적으로나 공적으로 세워 가는 공동의 삶 속에서 하나님 나라의 약속을 좀 더 구체화하고 가시적인 것으로 만들기 위해 꾸준히 노력합니다.

간단히 말해, 그리스도교는 국가가 중요하지 않다거나 이 세상에 속한 더 높은 힘에 종속된다고 말하는 것이 아니라, 단지 하나님의 관점에서 보아 상대적일 뿐이라고 주장합니다. 제자가 된다는 것은 영원토록 변하지 않고 흔들림 없는 사랑의 눈으로 다른 사람들, 특히 큰 곤경에 처한 사람들을 헤아리도록 부름받았다는 것을 뜻합니다. 제자인 우리가 성령의 능력을 힘입어 이 부름에 응답하며, 나아가 과거와 현재뿐만 아니라 미래에도 동서양의 모든 사회 속에서 이 비전을 견고하고 바람직한 희망의 토대로 선포할 수 있기를 나는 간절히 바라고 기도합니다.

> 제자가 된다는 것은 영원토록 변하지 않고 흔들림 없는 사랑의 눈으로 다른 사람들을 헤아리도록 부름받았다는 것을 뜻한다.

6

성령 안의 삶

내가 또 말합니다. 여러분은 성령께서 인도하여 주시는 대로 살아가십시오. 그러면 육체의 욕망을 채우려 하지 않을 것입니다. 육체의 욕망은 성령을 거스르고, 성령이 바라시는 것은 육체를 거스릅니다. 이 둘이 서로 적대관계에 있으므로, 여러분은 자기가 원하는 일을 할 수 없게 됩니다. 그런데 여러분이, 성령의 인도하심을 따라 살아가면, 율법 아래에 있는 것이 아닙니다. 육체의 행실은 환히 드러난 것들입니다. 곧 음행과 더러움과 방탕과 우상숭배와 마술과 원수맺음과 다툼과 시기와 분냄과 분쟁과 분열과 파당과 질투와 술취함과 흥청망청 먹고 마시는 놀음과, 그와 같은 것들입니다. 내가 전에도 여러분에게 경고하였지만, 이제 또다시 경고합니다. 이런 짓을 하는 사람들은 하나님의 나라를 상속받지 못할 것입니다. 그러나 성령의 열매는 사랑과 기쁨과 화평과 인내와 친절과 선함과 신실과 온유와 절제입니다. 이런 것들을 막을 법이 없습니다.

| 갈라디아서 5:16-23

이제 마지막 장을 시작하면서 '영성'이라는 용어와 관련하여 좀 무례를 범해야 할 것 같습니다. 이 용어가 영적 삶과 영성을 논하는 데 도움이 되는 약칭이기는 하나 사실은 참 이상한 표현이라는 점을 알 필요가 있습니다. 영성이라는 말은 아주 현대적인 용어입니다. 만약 여러분이 15세기나 16세기에 사는 어떤 사람에게 "당신의 영성에 관해 말해 주시오"라고 말한다면, 그는 여러분이 무슨 말을 하는지 전혀 이해하지 못할 것입니다. 그리스도인에게 '영성'은 '성령 안의 삶' 곧 '그리스도 안에서 누리는 삶'을 가리키는 약칭입니다.

먼저, 우리의 행위에 '영적 삶'이라든가 '영성'이라고 부르는 영역이 있다고 생각하는 일이 없도록 주의를 부탁합니다. '**성령 안에서 산다**'는 말이 의미하는 개념 전체에 대해 집중적으로 살펴보려고 합니다.

갈라디아서 5장에서 분명하게 보여주듯이, 사도 바울이 '성령 안의 삶'이라는 말로 가리키는 것은 여러 가지 '영적' 행위들이 아니라 우리가 삶을 통해 실천하는, 인간성과 관련된 여러 가지 간결하고 직접적인 의무들—여러분에게 익숙한 말로 하면 **미덕들**—입니다. 성령의 열매는 사랑과 기쁨과 화평과 인내와 친절과 선함과 신실과 온유와 절제입니다. 그래서 영성이라는 것이 우리의 삶 한편에서 일어나는 좀 낯설고 특이한 일이나 아니면 이국적이고 흥분되는 일이라는 생각이 들려고 한다면, 우리는 지체 없이 주문이라도 외우는 양 "사랑과 기쁨과 화평과 인내……이 모든 것은 다 사람이 행하는 덕일 뿐이야"라고 외쳐야 합니다. 우리 전통(그리고 다른 전통들)을 이끈 영적 스승들은 영적 황홀 체험이 일상적 친절과 실제적 관용을 대체할 수 있는 것이 아니라는 점을 계속해서 깨우쳐 줍니다.

그러면 우리는 '성령 안의 삶' 곧 예수 그리스도 안에 사는 삶에 대해 무엇이라고 말할 수 있을까요? 나는 이 주제를 네 가지로 구분해 아주 간략하게 살펴보려고 하며, 굳이 영적 성숙을 따지는 도표를 내세우지 않고서 여러분이 제자도의 삶을 살 때 따를 만한 길을 제시하려고 합니다.

자기이해

내가 보기에, 우리가 가장 먼저 물어야 할 질문은 '제자도와 사역을 실천할 때 나로 하여금 인간다움을 유지할 수 있게 해주는 것은 무엇인가?'입니다. 그런데 이 질문은 곧바로 내가 다루려는 네 가지 주제 가운데 첫 번째인 **자기이해**로 연결됩니다.

영적으로 건강한 자아를 유지하기 위해서는 어느 정도 자기인식의 훈련이 필요합니다. 그런데 이 말의 의미는 끊임없이 철저하게 자아를 분석하지 않으면 제자가 될 수 없다는 것이 아닙니다. 대체로 우리는 굉장히 어려운 상황에 직면해서야 내면의 깊은 동기들을 의도적으로 진지하게 탐색하게 됩니다. 그렇다면 일상 속에서 내가 어떻게 생각하고 느끼는지에 대해 어느 정도 거리를 두고 냉정하게 살펴보는 일이 가능할까요? 긍정적인 것이든 부정적인 것이든, 내 강렬한 감정들을 내면 깊은 곳에서 잠시 끌어내어 내가 살펴볼 수 있는 자리에—또 그리스도께서도 볼 수 있는 자리에—놓을 수 있을까요?

> 영적으로 건강한 자아를 유지하기 위해서는 어느 정도 자기인식의 훈련이 필요하다.

바로 이것이 고대 영성 전통에서 '무정념'(dispassion)이라고 불렀던 것입니다. 이것은 썩 좋은 말이 아니며, 그리스어인 '**아파**

테이아'(apatheia)를 살펴보아도 더 낫지 않습니다. 아파테이아라는 말은 주로 '무관심'(apathy)이라는 뜻으로 들리고, 이런 의미가 우리가 사용하는 영어 단어의 바탕에 깔려 있기 때문입니다. 하지만 초기 그리스도인들의 영적 이해에 따르면, 무정념 곧 아파테이아는 우리가 느끼는 방식이라든가 우리와 다른 사람들이 원하는 일에서 한 걸음 뒤로 물러설 수 있는 역량을 의미합니다. 우리는 이렇게 말합니다. "잠깐 멈춰 봐. 이 감정과 본능, 정서, 열망 둘레에 공간을 좀 둘 수 있지 않을까? 그 주위에 약간 빈 자리를 두어서 그것에 즉각적으로 반응하는 일을 막아 낼 수 있지 않을까?" 원한이나 고통뿐 아니라 엄청난 황홀 체험과 열정에도 이와 똑같이 대응할 수 있습니다. 조금 뒤로 물러나서 그 감정들 둘레에 숨을 쉴 수 있는 공간을 배치하고 여러분 자신에게 호흡을 가다듬을 수 있는 여유를 제공하십시오. 그 문제들을 똑바로 바라보고 "자, 덤벼. 네가 정말 진짜냐? 너의 실체가 뭐냐?"라고 외치기 바랍니다.

    자기인식, 그리고 좀 우려스러운 말인 '무정념'이라는 용어는 예측·기대·분주함처럼 끈질기게 우리를 옥죄는 것들로부터 자유로울 수 있는 의식을 계발하는 일과 관계가 있습니다. 그리고 기도와 일상의 삶 속에서 하나님께서 우리의 이름을 부르시는 것을 들을 수 있을 만큼 여유로운 공간을 마련할 때에야 비로소 그런 의식을 획득하게 됩니다. 내가 말하려는 것은 그저 하나님께

아뢰는 행위로서의 기도가 아니라, 하나님께서 내 이름을 부르시는 것을 들을 수 있을 만큼 평정을 유지하고 하나님께 나아가 "제가 진정 어떤 사람이지 말씀해 주소서"라고 기도하는 일입니다.

요한복음 21장에 나오는 놀라운 부활 이야기를 보면, 마리아가 예수께서 자기 이름을 부르는 것만 듣고도 부활하신 주님을 알아보는데, 이 이야기는 기도와 성숙한 제자로 성장하는 일에 관해 상당히 많은 것을 말해 줍니다. 무거운 짐에 눌린 상태에서 '성령 안의 삶'을 이어 가기 위해서 우리는 하나님께 "제가 어떤 사람인지 말씀해 주소서"라고 말할 수 있어야 합니다. 다른 사람들이 내게 들려주는 것으로는, 심지어 내가 나 자신에게 말하는 것으로는 충분하지 않기 때문입니다. 하나님, 곧 내게 말씀하시는 하나님께 그 답을 들을 필요가 있습니다. 그럴 때에야 우리는 내가 존재하고 살며 형통한 것은 하나님께서 "내가 너를 지명하여 불렀으니, 너는 나의 것이다"라고 말씀하셨기 때문이라는 사실을 깨닫게 됩니다(사 43:1). 그처럼 하나님께서 우리 이름을 불러 주시는 일에 우리의 전 존재가 달려 있습니다. 기도할 때 중요한 일은 하나님의 음성을 듣는 깊은 차원까지 파고 들어가는 것입니다. 그곳에 이르러 우리는 지금 이 순간 하나님께서 나와 여러분을 지으시는 음성, 곧 우리 이름을 세상 속으로 불러내셔서 생명을 허락하시는 음성을 듣게 됩니다.

평정

앞서 설명했듯이 자기인식이란 우리 내면의 동기를 끈질기게 파고드는 일을 가리키는 것이 아니라, 나를 에워싼 기대와 예측과 요구들이 쏟아 내는 소음에서 해방되어 내 이름을 부르시는 하나님의 음성을 들을 수 있을 만큼 자유를 누리는 일을 말합니다. 그런데 이 자기인식은 곧바로 두 번째 영역인 **평정**으로 이어집니다.

하나님께서 말씀하시는 것을 듣기 위해서는 평정, 곧 마음이나 정신의 평정뿐만 아니라 몸의 평정을 유지하는 것이 필요합니다. 시편 기자는 "너희는 잠깐 손을 멈추고⋯⋯알아라"고 말합니다(시 46:10). 손을 멈출 때 알게 됩니다. 어떤 시인이 "자아의 폭풍"이라고 묘사한 것이 조금은 잦아들 때에야, 하나님이 어떤 분이고 나는 누구이며 세상이 어떤 곳인지 보이기 시작합니다. 그런데 내가 강조하고 싶은 것은 몸의 평정이 이러한 인식의 한 부분이라는 점입니다. 17세기 성인인 프란치스코 드 살(Francis de Sales)이 영적 가르침을 요청한 어떤 부인에게 했던 말을 나는 즐겨 인용합니다. 그는 "부인께서 좀 더 천천히 걷고 느리게 말하고 찬찬히 먹을 수

> 하나님께서 말씀하시는 것을 듣기 위해서는 평정, 곧 마음이나 정신의 평정뿐만 아니라 몸의 평정을 유지하는 것이 필요하다.

있게 되면, 그때 영성 지도를 시작하겠습니다"라고 말했습니다. 평정은 이처럼 일상의 모든 일에서 우리가 취하는 태도를 인식하는 것과 밀접한 관계가 있습니다. 나 자신이 멈춰 서서 귀 기울여 들을 수 없을 정도로 매사에 정신없이 쫓기고 늘 압박당하는 듯한 인상을 여러분에게 드린 것은 아닌지 모르겠군요.

침묵을 가리켜 다가오는 새 시대의 성사라고 말하기도 합니다. 시리아의 위대한 성인인 니네베의 이사악(Isaac of Nineveh)이 한 말입니다. 그런데 우리가 그리스도인으로서 기도하며 살아가는 이곳에서 미래의 삶 곧 하나님 나라의 삶을 누리고자 한다면, 평정이 삶의 한 부분이 되어야 합니다. 말의 침묵, 몸의 침묵으로 말입니다. 물론 말의 침묵은 아무것도 말하지 않는다는 것을 뜻하지 않습니다(사실 아무것도 말하지 않는다는 것은 언제나 아주 좋은 생각이기는 합니다). 말의 침묵이란 여러분을 평온하게 하고 안정시켜 주는 언어 방식, 말의 방식을 찾는 것을 뜻합니다. 침묵을 깨뜨리지 않으면서도 반복해서 말할 수 있는 작은 구절들이 바로 그것입니다. 온갖 잡다한 것들이 우리를 에워싸 뒤흔들 때, 고요한 날 해변의 잔물결처럼 또 심장의 박동처럼 짧은 말과 작은 구절들이 우리를 지탱해 주고 안정시켜 줍니다.

많은 그리스도인들이 '예수 기도'를 이런 용도로 사용합니다. 동방교회 전통에서 발전해 온 예수 기도는 "주 예수 그리스도 하나님의 아들이시여, 이 죄인에게 자비를 베푸소서"라고 기도합니다. 어떤 사람들은 친숙한 찬양의 가사라든가 시편 구절, 복음서에 나오는 그리스도의 말씀, 사도 바울이 인용한 고대 시리아 구절인 "마라나타"(주여, 오소서)와 같은 말들을 그런 용도로 사용합니다. 우리 자신을 있는 그 자리에 단단히 고정시키기 위해서 어떤 말이라도 사용할 수 있습니다.

기도에서 마주치는 진짜 문제는 하나님의 부재가 아니라 우리 자신의 부재라는 말을 종종 듣습니다. 기도하는 자리에 하나님이 계시지 않은 것이 문제가 아니라, (십중팔구) 우리가 없는 것이 문제입니다. 우리는 거의 모든 자리에서 기억과 공상과 염려를 끌어들여 씨름합니다. 하나님께서는 한없는 인내로 그 자리에 계시면서 우리를 향해 "그러면 도대체 언제 나오려느냐? 언제쯤이나 떠돌기를 멈추고 나와서 가만히 앉아 들으려느냐?"라고 말씀하십니다.

자기인식과 평정은 서로 밀접하게 연결되어 있습니다. 평정을 유지할 때, 하나님께서 우리 이름을 불러 주시는 것을 더 잘 들을 수 있기 때문입니다. 그리고 이 신비로운 순간에 우리는 우리를 지으셨고 지금도 매 순간 우리를 지으시는 하나님의 행위와 말씀에 연결됩니다.

사람들과 '창조'의 의미에 관해 토론하다가, 창조는 **현재도**

일어나고 있으며 그 까닭은 하나님께서는 영원토록 말씀하시고 이름을 불러 주시며 그로 인해 내가 지금 실재하게 되기 때문이라고 말하면 사람들이 깜짝 놀라곤 합니다. 만약 하나님께서 그렇게 말씀하시고 이름 불러 주시기를 멈추신다면 여러분과 나, 우주 전체, 수백만 광년 떨어져 있는 베텔게우스와 켄타우루스 자리 알파 별과 모든 것이 그 순간 존재하기를 멈추게 됩니다. 하나님께서는 지금도 창조하고 계십니다. 창조는 아주 오래전에 일어난 일이 아니라, 오늘도 일어나고 있습니다. 어쨌든, 평정에 잠김으로써 우리는 창조의 그 순간에, 하나님께서 말씀하시고 베푸시며 우리를 생명으로 부르시는 영원한 실재에 연결되기를 구합니다.

> 영원토록 말씀하시고 이름을 불러 주시는 하나님으로 인해 우리가 지금 실재한다.

성장

자기인식과 평정에 이어 세 번째로 **성장**에 대해 살펴봅니다. 하나님께서는 우리를 생명 가운데로 부르십니다. 여기서 '부르신다'는 말은, 언제나 앞에 무엇인가 존재한다는 사실을 뜻합니다. 과연 성령의 생명 안에서 자라기를 기대하는 마음이 내게 있는지 헤아려 보시기 바랍니다. 우리가 속으로 '음, 나는 영적 성장을 이루었어. 내게 딱 어울리는 수준에 도달했어. 내 마음에 드는 제자도의 스타일을 찾아냈어"라고 생각한다면, 그리스도인으로서 참 서글픈 형편에 있는 것입니다. 그렇습니다. 여러분에게 어울리는 모습으로 살고 기도하며 말하고 찬양하고 예배하는 방식을 찾는 것도 중요하지만, 그렇게 받아들인 방식들 속에 여러분을 일깨우거나 성장시키지 못하는 것이 뒤섞이는 일이 없도록 조심해야 합니다.

우리는 과연 자라게 되리라는 기대감을 안고서 기도하고 그리스도의 제자로 살고자 애쓰는지 자문해 볼 필요가 있습니다. 한참 동안 기도하거나 예배하고 나서 여러분에게 시작할 때와 비교해 조금은 더 나아진 변화가 나타났기를 기대합니까? 전보다 나중이 조금은 더 나아지는 것, 그것이 정말 중요한 일이기 때문입니다. 다른 비유로 말해, 여러분이 기도하고 예배하는 동안에 하나님께서 잡동사니를 깨끗이 치우시고 거기에 주님 사실 자리를 넓히셨을까요?

그것을 측정하는 일은 참으로 어렵습니다. 달리 말해, 우리는 기도나 예배를 시작하기 전에 자신을 헤아려 "이것이 현재의 나다"라고 적고는 끝나고 나서 "좋아, 이제 조금 더 좋아졌네"라고 평가할 수 없습니다. 우리는 조금씩 이끌리고 밀리며 자라간다는 확신을 품고 앞으로 나아가야 하며, 또 새로운 삶을 향해 부드럽게 때로는 거칠게 이끌리게 되리라는 기대감을 가지고 기도와 제자도에 참여해야 합니다.

사도 바울이 빌립보서 3:13에서 말한 "앞에 있는 것을 향하여 몸을 내밀면서"라는 구절은 초기 그리스도인들에게 매우 중요한 개념이었습니다. 여기서 '앞으로 내밀다'를 뜻하는 '에펙타시스'(epektasis)라는 말은 우리 앞에 있는 것을 향하여 이끌리는 것을 말합니다. 그런데 '앞으로 내밀다'는 하나님께서 나를 이끄신다는 의미보다는 주로 내가 노력한다는 뜻으로 받아들일 수 있으며, 그런 까닭에 부적절한 표현으로 보입니다. 훈련을 마칠 때면 처음 출발할 때에 비해 내가 조금은 더 나아질 것이라는 내밀한 기대를 품고서 기도와 예배에 참여하고 성장하기를 바라는 것, 이것이 바로 우리가 '성령 안의 삶'을 살면서 해야 할 일입니다.

기쁨

이렇게 해서 네 번째이자 마지막 주제로 넘어갑니다. 마지막 주제인 **기쁨**은 설명하기가 참 쉬우면서도 어렵습니다. 이런 투로 이야기를 시작하는 까닭은 기쁨을 발견하는 일이 원래 그렇기 때문입니다. 우리가 다루는 것은 행복이 아니고, 순간적 희열(euphoria)의 감정도 아니며, 그렇다고 어깨를 으쓱거려 일이 형통함을 표시하는 감정도 아닌 바로 기쁨입니다. 기쁨이란 온갖 울타리나 틀로 묶어 놓아도 깨뜨리고 나올 만큼 생생한 어떤 것과 우리가 연결되어 있다는 느낌, 곧 무엇인가가 밖으로 솟구쳐서 넘쳐흐르는 느낌을 말합니다. 요한복음에서 예수께서는 성령을 받은 사람에 대해 "그의 배에서 생수가 강물처럼 흘러나올 것이다"라고 말씀하십니다(요 7:38).

차고 넘쳐 흘러나온다는 말은 기쁨이 어떤 것인지를 잘 설명해 줍니다. 이런 일이 제자들의 삶—특히 기도와 공적 예배의 삶—에서 발생하는데, 울타리를 깨뜨리고 솟구치기에 그 무엇으로도 가두어 둘 수 없습니다. 이것에 우리가 붙이는 이름 하나가 기쁨입니다. 이 일을 가만히 헤아려 우리가 아는 다른 경험들과 비교해 볼 때 이것과 가장 닮은 경험이 기쁨이기 때문입니다.

우리 그리스도인들이 복음에 저지르는 (또 지금까지 저질러 온) 최악의 처신 가운데 하나는, 우리의 사고나 마음, 예배에서 그리고 다른 사람과 맺는 관계에서 기쁨이라는 것을 맨 끝자리로 제쳐 두어야 하는 것으로 생각해 왔다는 점입니다. 그것은 마치 하나님께서 부어 주시는 놀라운 기쁨이 우리를 압도할 때마다 교회 안에서 누군가가 "여기서 이러시면 안 됩니다"라고 말하는 것과 흡사합니다. 은사쇄신 운동의 충만한 경험이든, 경배하는 중에 말 그대로 우리를 거꾸러지게 하는 강력한 역사이든, 회칠한 방의 책상 위에 놓인 수수한 십자가 앞에서 온전히 자신을 비워 순결함을 체험하면서 그것이 전부요 가장 중요한 일이라고 느끼는 순간이든, 그때 우리 내면에서 '여기서 이러면 안 되지'라거나 '올바른 길로 돌아가야지'라고 말하고 싶은 충동이 일면 하나님께서 우리를 도우시기를 구해야 합니다. 우리가 세상에 전하는 메시지가 기쁨보다는 오히려 하나님에 관한 두려움으로 가득할 때가 너무도 많습니다. 또 이와 비슷하게 다른 사람에 관한 염려로 가득한 것도 사실인데, 이 문제는 별개로 다루어야 할 것입니다.

우리로 하여금 흔들림 없이 제자의 삶을 감당할 수 있게 해주는 것은 무엇일까요? 자기인식과 평정·성장·기쁨입니다. 이 네 가지는 제자도의 삶을 받쳐 주는 기본 요소들로, 교회와 세상과 우리 내부에서 우리를 압박해 영적 건강을 지키려는 노력을 방해하는 모든 문제에 맞서 싸우게 해주는 것들입니다.

    우리는 자신에 대해 얼마나 깊이 알기 원할까요? 우리가 평정을 유지하도록 도와주는 것은 무엇입니까? 차분하면서도 힘차게 계속 달려 나갈 각오가 되었습니까? 또 그 결과로 충만해지고 넘쳐나는 기쁨을 맞을 준비가 되었습니까? 어떻게든 우리 스스로

> 우리는 자신에 대해 얼마나 깊이 알기 원하는가? 우리가 평정을 유지하도록 도와주는 것은 무엇인가? 차분하면서도 힘차게 계속 달려 나갈 각오가 되어 있는가?

이런 물음들을 계속 물을 수만 있다면, 성공을 보장하는 비결을 손에 쥐지는 못한다 해도 적어도 하나님께서 우리 삶에 들어오시고 거하시도록 문을 열어드릴 수 있을 것입니다. 예수께서 이끄시는 곳이 어디든 그분과 함께하려는 열망을 하나님께 아뢰며, 그렇게 살아가는 중에 제자가 된다는 것에 관해 놀라운 사실을 배우게 될 것입니다.

스터디 가이드
개인 묵상과 그룹 토의를 위한 질문

1. 제자가 된다는 것

1 | 여러분은 어디에서 예수의 무리를 가장 선명하게 경험하는가?

2 | 여러분이 속한 교회나 그리스도교 공동체는 사람들의 지성이 성숙한 모습으로 자라가기를 기대하는가? 또한 그 일이 이루어지도록 어떤 방식으로 도와주는가?

2. 믿음·소망·사랑

1 | 여러분은 신앙인으로 살아오면서 무의미함이나 좌절감, 공허함에 빠질 때마다 어떻게 극복하였는가?

2 | 교회는 사람들이 소비자 정신에 저항하는 일에, 신앙의 차원뿐만 아니라 삶의 여러 분야에서 어떤 방식으로 도움을 줄 수 있는가? 오히려 교회가 그런 정신을 조장할 때가 흔히 있는데 왜 그런 일이 일어나는가?

3. 용서

1 | 잠깐 시간을 내서 마음에 큰 상처를 남긴 경험에 관해 생각해 보고, 그 문제를 어떻게 극복했는지 아니면 지금 어떻게 극복하려고 애쓰고 있는지 헤아려 보자. 상처를 쉽게 극복하도록 도와주는 일이나 반대로 극복하기 어렵게 만드는 일에는 어떤 것이 있는가?

2 | 여러분이 용서받은 경험을 했던 때가 언제인지 생각해 보자. 그 경험은 여러분이 자신이나 다른 사람들을 보는 방식을 어떻게 변화시켰는가?

4. 거룩함

1 | 거룩한 삶으로 여러분에게 큰 감명을 준 사람을 만난 적이 있는가? 어떤 모습을 보고 그 사람을 거룩하다고 생각했는가?

2 | 여러분은 자신이 거룩하도록 부름받은 사람이라고 생각하는가?

5. 사회 속의 신앙

1 | 여러분이 속한 그리스도교 공동체가 모든 사람의 존엄성을 위해 헌신하는 일에는 어떤 것들이 있는가?

2 | 지역과 국가 또는 세계적 수준에서 그리스도교 공동체가 공적 논의와 결정 과정에 효과적으로 기여하는 사례로서 모범이 될 만한 일을 제시할 수 있는가?

6. 성령 안의 삶

1 | 갈라디아서 5:22-23에서 사도 바울이 제시하는 성령의 은사 목록을 살펴보자. 그 은사들이 어떻게 서로 영향을 미친다고 생각하는가? 또한 예수의 무리 안에 살고자 하는 여러분의 노력에는 어떤 영향을 끼친다고 생각하는가?

2 | 여러분으로 하여금 속도를 늦추게 하고 마음을 평온하게 만들어 주는 것은 무엇인가? 그리고 하나님을 위한 자리를 좀 더 넓히는 데 그것을 어떻게 사용할 수 있는가?